KB134271

공감 세상,
생각으로 피어나다

공감 세상,
생각으로 피어나다

초판 1쇄 인쇄일 2024년 2월 1일
초판 1쇄 발행일 2024년 2월 14일

지은이 박미주
펴낸이 양옥매
디자인 송다희 표지혜
교 정 조준경
마케팅 송용호

펴낸곳 도서출판 책과나무
출판등록 제2012-000376
주소 서울특별시 마포구 방울내로 79 이노빌딩 302호
대표전화 02.372.1537 **팩스** 02.372.1538
이메일 booknamu2007@naver.com
홈페이지 www.booknamu.com
ISBN 979-11-6752-448-5(03070)

* 저작권법에 의해 보호를 받는 저작물이므로 저자와 출판사의 동의 없이
  내용의 일부를 인용하거나 발췌하는 것을 금합니다.
* 파손된 책은 구입처에서 교환해 드립니다.

공감 세상,
생각으로 피어나다

박미주 칼럼 모음집

책과나무

책을 펴낸다는 것은

생각을 너무 깊이 하는 것도 어쩌면 필요 이상의 과정일 때가 있다. 망설임의 시간들을 보내고 "그래, 하자!" 결정을 해 버리고 나니 마음을 짧지 않은 시간 비우는 과정이 좀 가벼워졌다.

정해진 기간에 게재될 글들을 쓰다 보니 그때그때 주변의 현안들이 등장한 글들을 읽어 내며 누구는 불편했을 것이고 누구는 대리만족의 시원함으로 읽어 내려가며 공감했을 것이다. 하지만 칼럼에 언급된 불편한 누구에게도 개인적인 감정을 실어 쓰지는 않았다는 것만큼은 부끄럽지 않게 말할 수 있다.

다만, 동시대를 살아가는 사람으로서 참여하는 작은 실천을 하려 하는 마음이었고 누군가는 알아주어야 한다는, 누군가는 소리 내어 주어야 하는 내용들이 다루어진 것일 뿐이라는 것이다. 어쩌면 사회적 약자들의 입장이었을 수 있고, '커다란 바위에게 계란을 던져 부서트리지는 못하지만 노오란 계란색 얼룩 정도는 남기지 않을까?'라는 막연한 생각을 표현하기도 했었다.

따지고자 연락을 하신 분도 있었고, 자격지심에 멀리하는 사람도 있었지만, 완성미 없는 내 글을 실어 준 미디어파인과 파주민보 두 언론사의 글들을 출간을 위해 간추려 보니 볼수록 부끄러운 마음이 드는 건 내적 양심이 슬며시 고개를 쳐드는 시기가 아닌가 싶다.

이 글을 통해 혹시라도 서운해하시는 분이 계시다면 부끄러이 사과의 손을 내밀고 싶다.

2024년 2월

차례

③ ➡

불편한 의자

① 사회적 공감

언론의 자유라는
미명 아래 벌이는
'아무 말 대잔치'

사회는 변하고 있고 인간은 진화하고 있다. 진화의 방향이야 어떻게되어 가든 확실한 건, 달라져 가는 사람과의 관계에서 지켜져야 하는 가장 기본적인 질서의 흐트러짐이 자주 발견되곤 한다는 것이다. 물론 필자 역시 사람인지라 행동의 목적의 방향에 따라 또는 상대적인 질서가 나올 때도 빈번히 있을 터….

최근 어린아이부터 어르신들에 이르기까지 '스마트폰의 홍수에 빠져 있다.'는 표현이 자주 등장한다. 심지어는 스마트폰 활용법이라는 교육 프로그램까지 문화센터 등에 자주 개설되어 문명에 발을 맞추는 분야라는 호평을 받고 있다 보니 정말 스마트폰 사용은 기본이고, 누구나 SNS의 활용을 자유롭게 하니 바르지 않은 언론의 자유를 만끽하는 경우들이 자주 눈에 띄곤 한다.

가끔은 '정말 저 사람이 저 내용을 알고 저런 댓글들을 쓰는 걸까?' 하는 생각이 들기도 한다. 간혹 정치적인 개인의 견해가 다르고 아무리 개인의 페이지라지만 공인들의 명예에 정말 큰 실수가 초래되는 내용까지 적나라하게 피드 된 글들을 만나게 되면 안타까운 마음이 빈번해진다.

지나치게 적대감을 드러내거나 또는 공격적인 댓글들로 게시자의 순수한 목적을 흐리는가 하면, 심지어는 쉬이 입에 오르내리기를 조심해야 할 내용까지도 등장하는 경우가 비일비재하다. 심지어는 인신공격으로 이어지는 경우까지도….

아무리 언론의 자유가 있다지만, 최소한의 기본적인 질서는 존중하는 선에서 객관성이 있는 언론의 자유를 누려야 하지 않을까? 바른 언론의 질서가 지켜졌을 때, 비로소 언론의 힘이나 공감도 동반될 수 있을 것이다. 아무리 변화하는 사회에 퇴색하고 있더라도 우린 예와 효를 미덕으로 아는 한국의 전통인 미풍양속(美風良俗)의 피를 물려받은 조선의 자손들이 아니던가.

인터넷 포털 사이트를 검색해 보면, '언론의 자유'란 개인의 사상이나 의견을 말이나 글로써 발표할 수 있는 자유라고 표기되어 있다. 개인의 사상이나 의견은 '공격을 하라'는 신호가 아니라는 것을 정확히 알았으면 한다.

자유라고 해서 개인의 사상이나 의견을 질서를 흐리면서 무례함을 행해도 되는 건 아니다. 물론, 이견을 공격적으로 표현함에는 상대의 태도라는 것이 수반되겠지만 기본적인 질서까지 흐리면서 관계의 정서

에 무리를 범할 필요는 없지 않은가.

최근 접경 지역인 경기도 파주 임진각에 세워진 평화의 소녀상과 관련한 작은 모금 활동 내용을 보고 언론을 통해 문제시되었던 위안부 내용과 관련지어 그와는 관련 없는 공인들의 이름을 아무렇지도 않게 언급하며 비속어를 쏟아 내는 글들을 보며 고개가 가로 내저어졌다. 이는 결코 자유로운 발언을 누리는 것이라 이해하기 어려운 것이었다.

누구나 객관적인 입장에서 이해를 받을 수 없는 발언이 결코 언론의 자유라는 미명 아래 '아무 말 대잔치'로 표현해도 된다는 혜택으로 받아들여서는 안 될 것이다.

사람은 매일
시작과 변화를 만난다

  '시작'이라는 말은 어떤 형태로든 변화(Change)를 동반하게 된다. 무
엇인가를 하려고 한다면 가장 먼저 직면하게 되는 가장 눈에 띄는 작은
생활 패턴의 변화부터 직면하게 된다.

그러나 많은 사람들은 변화를 쉬이 받아들이거나 인정하려 들지 않는다. 그 이유는 익숙하지 않는 어색함과의 만남이 두려운 경우와 변화가 동반된 시작을 아직 신뢰하지 않는 경우가 많다. 무엇인가를 하려는 사람이 변화를 두려워한다면, 그의 시작에 있어 주변으로부터 집중도가 낮아지는 경우가 있다.

　그런데 사람들은 자신의 시작이 인정받기를 원하고, 주변의 인정으로 용기를 얻고자 하는 사회적 욕구가 함께 움직이게 마련이다. 비록 그 시작의 변화가 타인에게는 대수롭지 않을지 모르겠지만, 행동하는 본인의 입장에서 볼 때 분명히 결심하게 된 계기와 행동을 촉진하는 합리적인 과정이 있었을 것이다. 그러니 본인의 변화는 옳고 그름의 기준이 아닌, 가능성의 확률이 동반된 혁신(Innovation)의 결심이 있었을 것이다.

　새로운 출발을 하게 되거나 새로운 업무를 수행할 때 가장 많이 직면하게 되는 심적 갈등들이 바로 변화와 방향의 혁신이라는 갈림길에서 '바꿀 것인가?' 하는 것이었을 것이다.

　가령, 사람과의 관계에서 많은 갈등을 겪어 본 사람이라면 자신의 내면과의 잦은 만남을 통해 성격의 변화나 적응하고자 하는 조직문화 안에 자신이 들어갈 수 있는지를 수도 없이 점검했을 것이다. 그런 과정들을 거쳐 시작하면서, 그 조직 안에 소속되어 있다는 감정의 변화를 원하는 욕구와 동행하게 될 것이다.

사람은 매일매일 변화를 직면하게 되고, 오늘이 지나 바로 내일이 되면 자신이 느끼지 못하는 사이에 변화된 자신과 익숙해져 가면서 자신의 그 변화에 합리적인 이유를 만들어 내게 된다.

그렇다면, 우린 자신의 변화에 익숙함과 함께 '책임'이라는 무게가 함께여야 할 것이다. 그 무게는 빠른 변화에 적응해 나가야 하는 현대인들의 삶과 하루가 다르게 성장해 가는 우리들의 욕구와 타협할 필요가 있다는 생각이다.

욕구는 필요이고 타협은 과정이므로 무엇인가를 시작하려는 사람들에게 반드시 거쳐 가게 되는 정류장이다. 우린 분명 책임이라는 무게로 주변으로부터 인정받고자 하고, 그 변화를 혁신(Innovation)이라는 다양한 기술로 주변의 관심의 집중도와 함께 인정이라는 동지애의 응원과 함께 시작할 수 있을 것이라고 생각한다.

결국은 하루가 다르게 변하는 사회와 사람의 관계에서 모든 것이 이루어진다면 우린 매일 변화(Change)를 만나고 있는 것이다.

'멀리 보아야 아름답다'는
적당한 관계

　'인간관계(人間關係)'. '대인관계'라고도 말한다. 사람이 사람 또는 조직과의 관계를 표현할 때 쉬이 사용하는 말이기도 하다.

가까운 사람이 이유가 있어 조심스러운 마음에 특정인을 지칭하며 "그 사람 어때?"라고 묻기도 하고, 또는 반대로 "난 잘 몰랐는데 알고 보니 그 사람 정말 괜찮더라."고 하는 경우도 있다. 그러다가는 이내 얼마 지나지 않아 어떤 계기로 "그 사람 정말 이상한 성격이야." 하는 사례가 발생하기도 한다.

그런데 듣고 보면 그 말의 표현은 한 사람에게 향해 있다. 사람의 관계인지라 늘 변수라는 건 있게 마련이고, 무엇인가 생산적인 일을 하려다 보면 당연한 생각과는 다른 방향으로 가기도 하는 것이 사람과 사람 사이의 일.

우리가 아름다운 풍경이 보이는 사진을 보고 "와, 너무 멋있다!"라고 할 수 있는 건 카메라 렌즈에 잡힌 풍경과 사물의 배치들이 나름대로 규칙이 있어서이지만, 그것들을 하나하나 손으로 만져 보고 눈앞에서 볼 수 있다면 사실 별것이 아닌 경우가 많지 않은가? 심지어는 "에계, 별거 아니네." 하는 실망스러운 말을 뱉어 내는 경우도 많다. 그것이 바로 사람도 풍경도 '적당한 관계의 규칙'이라는 질서가 있어서이지 않을까?

사람도 마찬가지다. 서로 호감이 가는 사람들이 만나 작은 조직이 만들어지고, 함께 활동하다 보면 의외의 성격들이 보이게 된다. 그로 인해 예기치 못했던 변수들이 생기고 대응 방법들의 차이로 인해 내 생각과 다를 경우가 있다. 그런 경우, 사람들은 전보다 대화도 많아져 더 잘 알게 된 상대방의 성격을 인정하는 규칙을 깨닫기보다는 "나와는 결이 달라!"라는 결정을 짓기 십상이다.

요즘 매스컴을 통해 또는 지역에서 크고 작은 조직들을 가까이에서 보다 보면 적당한 관계에서 인정했던 규칙을 까마득히 잊어버리고, 편해진 까닭에 존중이라는 과정을 건너뛰고 다르다는 결론을 행동으로 옮겨 버리는 인간관계가 점점 늘고 있음을 발견할 수 있다.

적당한 관계야말로 아름다운 사람의 관계가 아닐까. 그 적당한 관계란, 존재만으로 존중받아야 하는 근본과 규칙을 갖추고 있다. 친하다고 해서 지킬 것을 지키지 않아도 되는 건 없다. 오히려 친할수록 더 지켜지면 존중을 넘어 존경하는 아름다운 관계로 더 빛이 나고 관계의 발전에 오히려 더 큰 시너지(synergy)를 발현한다.

'존중'이라는 단어가 점차 사람들의 욕구에 기본이 되어 가고 있다. 이처럼 사회는 수직 관계보다 존중(인정 · 人情)이 동반돼 가는 사회로 변해 가고 있다. 사람의 관계는 수직 관계여서 존중을 하는 것이 아니라, 존재만으로 충분히 존중받아야 한다. 적당한 관계로 지켜지는 존중은 결국 아름다운 대인관계 관리에 큰 영향을 미친다.

부디, 적당한 관계, 즉 멀리 보아야 아름다운 인간관계가 유지될 수 있는 규칙이 지켜지길 바란다.

인맥 찬스도
능력이라 말하는
'주머니 속 양심'

요즘 TV를 보다 보면 '연예계의 마당발' 또는 '연예계의 인맥왕'이라는 표현을 종종 듣게 된다. 그렇게 그들만의 라인이 형성되고, 새로운 예능 프로그램이 개설되더라도 그 라인이 그대로 메인 출연진이 돼 '똑같은 얼굴들'이 겹치기로 출연한다. 그로 인해 그 프로그램은 '뻔한 프로그램'이 되기 십상이고 시청자들의 기대를 저버리는 경우가 왕왕 있다.

　대표적인 인맥의 예로 개그맨 이경규 씨의 인맥으로 천하장사 강호동 씨가 지금은 대형 스타 MC로 활약하며 대표적인 '규라인'으로 꼽힌다. 그런가 하면, 개그계의 젠틀맨 유재석 씨를 중심으로 형성된 '유라인'도 있다. 조세호 씨가 대표적이다.

　이렇듯 한번 라인이 형성되면 이들의 '지인 찬스'는 '활동의 꽃' 역할을 하게 된다. 또 나름의 입김이 있는 이들의 눈에 들면 열심히 하고 있던 선배들도 추월하는 것은 물론, 말 그대로 '활동에 팔자가 풀리는 경우'가 있다고 하는데, 자연스레 예능 프로그램 등에 출연해 이러한 본인들이 사연을 쏟아 내는 경우가 많다.

　인맥 찬스는 연예계뿐만 아니라 공무원 조직 등 많은 조직 사회에서도 예외는 아니다. 상황은 조금 다르지만, 인맥 찬스는 '자신의 욕구에 따른 행동'을 정당하지 않은 방법으로 '힘을 가진 자'들과 은밀히 만나 협상하는 등 조직원들의 눈살을 찌푸리게 하는 일들이 있기도 하다.

　며칠 전, 인근 도시의 교육청에 근무하는 친구를 만났다. 그는 "막히는 도로에서 차들이 줄 서서 기다리며 진행 중인데 갑자기 어떤 차가 억지로 끼어드는 거야. 기다리는 사람들이 누군 끼어들 줄 모르냐는 등의 질타가 이어졌지. 그런데 또 다른 차가 끼어들어서 계속 늦어지는 거야. '나도 끼어들어서 가는 게 맞을까? 아님, 바보처럼 그냥 끝까지 질서를 지키고 늦게 가는 게 맞을까?' 고민했어.”

그렇게 말문을 연 친구는 깊은 시름을 토해 냈다. 그 친구는 동기 중에서 사무관 승급을 좀 일찍 했던 터라 올해 서기관 진급을 앞두고 있었다. 인사가 있기로 했던 날, 기대와는 다르게 입사 후배의 추월 발령이 있었다. 공무원 조직의 특성상 후배가 추월하게 된 이유는 암암리에 공개됐고, 학연과 지연의 인맥이 작용한 인사였다는 것이다.

상처를 받고 속이 많이 상했을 친구에게 위로를 하는 것이 오히려 그 친구의 마음을 더 초라하게 할 수 있다는 생각에서 입을 다물었다. 평소 성실하고 차분한 성격으로 월등한 업무 처리 능력을 인정받았던 그 친구는 기대했던 서기관 승진을 후배에게 추월당하며 상실감으로 채워졌다. '재산, 학력, 인맥도 능력'이라던 말이 떠올랐다. 뜻밖의 갑작스러운 판국에 '후배에게 추월당한 무능한 선배'로 이미지가 추락할 수도 있었다.

이렇듯 현대 조직사회의 '인맥 찬스'로 업무 효율을 떨어뜨리는 인사 사례는 비단 친구의 경우만이 아니다. 각처에서 자신의 업무를 묵묵히 해내며 그 조직에 기여하는 이들의 진정성 있는 활약이 배제되는 경우는 너무도 흔하다.

4월 7일 보궐선거를 앞두고 모 도시의 출마 후보의 혹세무민(惑世誣民)도 한낱 가벼운 낙엽 한 장만큼의 가벼운 가림막으로 잘못이나 허물을 덮으려는 모습들을 보면서 그와 비슷한 마음이 드는 건 나만이 아닐

것이라는 마음에 기대가 되지 않는 상실감만 들었다.

"교육공무원으로서 우리 도시의 학생들에게 난 무엇을 가르쳐야 할
지…. 막상 내 아이들에게 질서를 지키는 게 맞다고 가르쳐야 할지,
수단을 가리지 않은 치열한 경쟁 속으로 뛰어들라고 해야 할지를 모
르겠다."

친구의 교육공무원다운 소신 있는 고민에 마음이 무거워졌다. 교육
공무원으로서 건강한 사고와 사명감을 갖고 업무에 임하는 이가 얼마
나 있을까? 생각해 봐야 할 일이다. 인맥으로 만들어진 자리에서 수치
스러운 양심 정도는 주머니 속에 넣고 자신의 직업에 있어 가져야 할
건강한 사고와 사명감은 어디에 있는지….

내 안의
노블레스 오블리주(Noblesse oblige)

인터넷 포털 사이트에서 '노블레스 오블리주'를 검색하면 '높은 사회
적 신분에 상응하는 도덕적 의무를 뜻'하는 말이라고 나온다.

로마 시대 초기, 왕과 귀족들이 보여 준 투철한 도덕의식과 솔선수

범하는 공공정신에서 비롯되었다는 사회 고위층 인사에게 요구되는
높은 수준의 도덕적 의무.

"경영을 공부하며 느낀 매력이 무엇이었냐?"고 누군가가 내게 묻는
다면 대답은 바로 자본주의 사회에서 빛날 수 있는 '노블레스 오블리주'
일 것이다. 반드시 귀족이 아니어도 내 손에 쥔 따뜻함이 있을 때 누군
가에게 데워진 손을 내밀어 녹여 주어야 한다는 사회적인 책임, 그것을
조용히 행함으로 나만의 책임을 수행하는 것, 그것이 바로 내게 매력으
로 다가온, 그리고 내가 할 수 있는 '노블레스 오블리주'였다.

그런데 어디 사람 마음이 꾸준한가? 10년도 채 되지 않아 매력이라
표현했던 나의 행함이 교만이었음을 깨닫게 되고, 솔직하게 표현하면
내 안의 '노블레스 오블리주'는 정체성을 잃었다. 틈틈이 스며드는 앞
뒤를 재고 있는 현실적인 내 모습에 직면하게 되고, 어떤 결정을 해야
할 땐 효율성을 미리 생각해 보게 되고 '결정 장애'에 가까운 나를 만나
게 되었다.

대부분의 사람들은 이런 꿈을 꾼다. 반드시 힘을 키워서 누군가에게
는 좋은 사람으로 기억되어야겠다는 '좋은 사람 코스프레'. "꼭 성공해
서 내 자존심을 흔들던 이들에게 보란 듯이 갚아 줘야겠다!" 필자 역시
도 그런 마음이 들었던 적이 두어 번은 있었던 것 같다. 누구나 갖는
'성공으로 향해져 있는 촉각'들이 활발히 움직이는 나이에 들어서면서
그 욕구는 더 커진다.

어쩌다 보니 겨루게 된 보이지 않는 힘겨루기가 좁은 지역에의 활동에 이리 치이고 저리 치이는 상처를 받게도 되지만, '활동 지역 출신이고 아니고'가 뭐 그리 중요한 강점이라고, 외지에서 온 이방인으로 가려내지면서도 소신을 접지 않고자 하는 것이 바로 자존심이었다.

경영을 공부하며 매력이라 느꼈었던 그 소중한 감정들이 간혹 흔들리게 되더라도, 지켜 내고자 했던 '이방인들의 작은 기여'를 아름답게 봐주는 감정적인 '노블레스 오블리주'의 필요성이 절실하다.

'준비되지 않은 노블레스 오블리주'. 반드시 사회 고위층이 되어서만이 할 수 있는 게 아니라는 교만함이 범한 나의 사회적 실수가 있다면, 경영인의 매력이라 여기며 섣부르게 행하려 들었던 낯 뜨거움이었다.

성장 과정에 경제적 어려움을 경험해 보지 않은 사람은 '작게 가진 자'(Noblesse)의 사회적 책임(Oblige)을 이해할 수 없다고 스스로를 다잡으며 그때의 매력에 빠지다 보니 '나는 준비되지 않은 어설픈 책임'을 행하는 경험을 하게 됐지만, 지금 이 순간도 나의 서툴렀던 책임 의식에게 '잘했다'고 말해 주고 싶다.

간혹, 그에 따른 필요 이상의 오해와 격 없이 어울리다 보니 고단해질 때도 있지만 나의 뿌듯함의 대가라면 이 역시도 '너그러움을 담은 Noblesse로 이해, Oblige를 행해야 한다'는 '나만의 따뜻한 손'은 지금 가장 필요한 것이다.

누구나
어른이 되는 것은
아니다

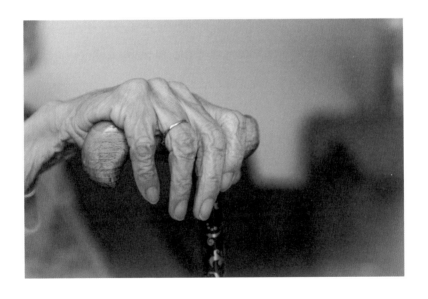

사람들과 더불어 살아가다 보면 어떤 이는 나이가 어린데도 어른스 럽게 행동해 주변의 칭송을 듣는가 하면, 반대로 적당히 나이가 있는

데도 어른답지 못한 언행으로 주변으로부터 환영받지 못하는 경우가 있다. 혹자는 그런 경우 거칠게 표현해 '나잇값'을 못한다고 말하기도 한다.

그렇다면 '나잇값'을 한다는 건 뭘까? 나이가 들었다고 해서 꼭 '나잇값'이라는 걸 해야 할까? 우리나라 말에 '아' 다르고 '어' 다르다는 말이 있듯, 그런 비슷한 것이 아닐까 생각한다. 같은 말이어도 말을 노엽지 않고 예쁘게 하는 사람이 있는가 하면, 같은 의미인데도 왠지 기분 나쁘게 말하는 사람이 있다. 그럴 때 우리는 위와 같은 말들을 한다.

우리나라를 일컫던 '동방예의지국'이라는 말이 요즘은 점점 듣기 어려워지고 있다. 언제부터 우리는 존댓말을 일상화하고 존중이라는 말로 표현하고 있었을까?

며칠 전, TV 사극에서 봤던 장면이 떠올랐다. 한 양반집 어린 자녀가 하인들이나 평민들을 하대하는 장면을 보면서 딱히 누가 중요하다 꼬집지 않았을 뿐, 우리의 신분제도는 그렇게 역사의 부분을 메우고 있는 게 아닌가?

우리 사회에서 언제부터 나이가 어리더라도 잘 모르는 사람이라면 나이가 많아도 존댓말을 사용하게 되었을까? 필자도 언제부터인가 그리 가깝지 않은 사람들로부터 편하게 표현하는 반말들을 들으면 얼굴을 찌푸리게 된다. 이처럼 평소 괜찮은 이미지를 가진 상대가 조금 말을 편하게 하더라도 이해가 되는 반면, 상대에 대해 그리 좋지 않은 느낌을 갖고 있는 경우라면 당연히 불쾌감이 든다.

　얼마 전 지방언론의 적당히 나이가 있는 언론인으로부터 취재를 하고 싶다는 제안이 있어서 인터뷰를 한 적이 있다. 그는 내게 나이를 물었고, 생각보다 나이가 많다는 듣기 좋은 표현을 했다. 그는 본인도 학교에서 강의를 한 적이 있었다며 내게 "전임교수는 아니었죠?"라며 '박교수'라는 짧은 표현을 쓰기 시작했다. 급기야는 인터뷰를 마칠 때쯤에는 거의 반말에 가까운 표현을 썼다. 물론 그분은 필자보다 10년도 훨씬 많은 나이가 있지만 '나를 취재하는 분'이라는 점 때문에 문제를 삼진 않았다.

　인터뷰를 하는 중간중간 그는 본인이 활동하고 있는 언론 활동이 마치 정답인 양 이미 나와 알고 있는 동종업의 언론인들의 활동 및 기사 쓰는 스타일을 "이렇게 방향을 잡아야 하는데…."라면서 지적하는가 하면, 심지어는 직접적인 실명까지 거론하면서 불필요한 이야기들을 쏟아 냈다.

　당연히 인터뷰 후의 언짢았던 '마음의 찌꺼기'가 남았었고, 전혀 나와 관련이 없는, 본인이 인터뷰 시 제안했었던 내용들이 사실인 양 묘사돼 있는 인터뷰와 기사 내용을 보면서 '그에게는 지역에서의 언론인이라는 스스로의 표현에 소신이 있나?' 하는 의구심이 들었다.

'적당히 나이가 있다'는 것은 그만큼의 세월에 책임을 질 수 있다는 '통념적인 사고로 행동해야 한다'는 것이라 생각한다. 그는 어른이라기 보다는 노인이 되어 가는 사람이라는 생각을 지울 수가 없었다. 지역에 서 직업과 관련해 만들어지는 이미지를 좋게 하려면 최소한 직업의 소 신과 함께 '동종인들에게 이미지 피해를 줄 수 있다'는 점을 간과해서는 안 될 것이다.

사람은 누구나 나이가 들면 노인이 된다. 그러나 덕을 쌓고 주변으 로부터 존경을 받을 수 있는 어른은 아무나 되는 것이 아니라는 생각에 그에게 측은함이 드는 건 내 몫이었다. 어른이 되어야겠다.

이 한 몸
돌아서면
그만인 것을

　난, 몇 년 전부터 집 옆의 손바닥만 한 공간을 이용해 텃밭을 가꾸고 있다. 작은 공간이지만 가꿀라치면 최소 5~6종 이상의 채소를 심어 먹을 수가 있어 소박한 수확의 만족과 더불어 가까운 이웃과 작은 나눔도

함께할 수 있다. 이렇게 난 이상적인 도·농 생활을 하고 있다.

손바닥만 한 '그 작은 텃밭'을 처음 시작할 때는 '거뜬히 가꿀 수 있다'는 가벼운 생각이었다. 하지만 가꾸다 보니 '바쁘다는 핑계'가 생겨 주인의 발걸음 소릴 듣고 자라던 텃밭의 잡초를 뽑지 못해 '텃밭'이 아닌 '풀밭'이 되기 일쑤였다.

욕심이 앞서 처음 '작아도 너무 작다'는 생각에 아쉬움이 컸던 텃밭의 크기가, 핑계가 생기고부터는 주인의 발걸음 소릴 들려주기는커녕 잡초가 자란 다음에야 풀을 뽑아내면서 혼자 두런거리는 소리를 하곤 한다.

봄이 다가오려 할 때쯤, 모종을 사다 심고 텃밭이 깨끗해지면 그보다 뿌듯하고 세상 다 가진 것처럼 마음이 넉넉해진다. 그것은 갖고 싶은 욕심보다는 가난하게 살다 돌아가신 부모님으로부터 가진 것에 대한 만족을 배운 탓이리라.

그러나 잡초가 무성해진 손바닥만 한 텃밭을 알게 될 때 갑자기 조바심이 나고 이웃 누군가 "밭이 이게 뭐냐?"며 나를 게으르다고 욕할 것만 같은 편치 않은 마음이 앞서기도 해 일부러 시간을 내 작정을 하고 땀을 흘리며 잡초를 뽑아내고 다시금 깨끗해진 텃밭을 보면서 그 만족을 되찾아 오기도 한다.

초여름이 오기 전 햇볕이 따사로워질 때부터 텃밭의 작물들을 수확하게 되면 그 뿌듯함은 배가되어 괜히 어깨에 우쭐함이 실린다. 그러곤 내 입으로 들어오는 텃밭 채소들의 만족보다는 나눔을 하는 뿌듯함을 먼저 행하기도 한다.

이렇듯 그 텃밭을 가꾸는 것도 처음 마음만 같다면 얼마나 좋을까마는 잡초를 무성하게 둔 채 손댈 방법을 몰라 대책이 안 설 때가 종종 있다.

사람이 사는 일도, 사람 관계도 역시 마찬가지다. 처음엔 서로 잘하자는 마음으로 관계를 맺고 지내다가 설혹 무슨 계기인가가 개입이 돼 소원해지거나 오해가 발생하기도 한다. 그렇다고 상대방과 처음부터 불편해지고자 하는 마음은 없었으니 서로 대화를 하면 해결될 일을, 텃밭의 잡초를 어찌 손대지 못하는 것처럼 불편해진 사람과의 대화도 그렇다.

뭐라고 말을 꺼내야 할지, 내가 먼저 말을 꺼내면 괜히 내가 잘못한 거 같아서, 굳이 아쉬운 일도 없는데 안 보면 그만이지 하는 등등의 이유로 추후 더 소중해질 관계가 아무것도 아닌 일에 소원해져 나중에는 누군가 "전에 친하지 않았어요?"라고 물어 오면 자신 일이 아닌 것처럼 대수롭지 않게 대답해 버리는 경우가 생긴다.

사람도 텃밭도 서로를 향해 '관리가 동반되는 관계'에서 비롯되는 것.

소홀하지 말자

소중히 여기자

소소하게 여물자

이렇게 '3소'만 잘 지킨다면 사람의 관계에서도 텃밭에서 배웠던 만족을 나눌 수 있을 것이다. 작정하고 잡초를 뽑아내 뿌듯한 만족을 얻어내듯 먼저 내민 손이 주는 앞선 포용 리더십을, 다른 누가 아닌 내가 행해 보자.

팔이 안으로 굽었다 하여 어찌 등 뒤에 있는 그대를 안지 못하랴. 이한 몸 돌아서면 그만인 것을….

이외수 님의 글이다. 아름답지 않은가? 부디 아름다운 행함의 '포용 리더십'으로 관계를 관리하는 성숙함을 실천해 보자.

'딱 그만큼이면 좋았을 것'을…

　몇 년을 격(格) 없이 지낸 인연이라면 조금 넘치는 농담 정도는 하더라도 거리낌 없이 넘어가는 경우가 있다. 그러나 아무리 가까이 지냈다 하더라도 상대의 자존심이나 결점(Handicap)을 자극하는 말 정도를 지키는 것은 최소한의 친분의 대가이기도 하다.

   누구는 그런 경우를 두고 "친하니까 그럴 수도 있는 건데 뭘 그리 오해까지 하고 까다롭게 그러냐?"며 핀잔을 주는 사람도 있을 것이고, 반대로 혹자는 "가까운 사이일수록 그 사람의 '자극점'을 알기 때문에 더 조심해 주고 정도를 지켜 주는 게 당연한 것"이라고 생각하는 두 부류가 있을 것이다.

   그러나 사람의 마음이라는 것이 어느 때는 괜찮은 농(弄)이라도 거슬리지 않을 때도 있지만, 마음이 편치 않을 때는 평소의 아무렇지 않은 농(弄)도 몹시 거슬리고 마음의 찌꺼기가 남을 때가 있기 마련이다. 그렇다고 사람 관계에서 상대방의 기분 여하에 따라 이를 미리 살펴 말을 건네지는 않으니, 실로 말 한마디로 오래된 친분이 멀어지게 되는 사례들도 종종 보곤 한다.

최근, 필자의 경험을 예를 들어 보자. 약 5년간 서로 도움을 주고받으며 오랜 친분을 쌓아 오던 인연이 있다. '낯선 지역에서 도움의 손길'은 웬만해서는 잊기 힘들기도 하지만, 늘 감사한 마음으로 교류를 이어오는 중 점점 서로에 대해 알게 되는 '사적 친분'이 쌓이게 되고, 언제부터인가 '절제가 필요한 농(弄)'을 서슴없이 뱉어 내는 인연에 대해 불편한 마음이 생기기 시작했다.

처음 가벼운 농담을 할 때만 해도 그리 언짢거나 얼굴을 찌푸리는 정도는 아니어서 특별한 저지를 하지 않았던 정도가 이젠 그 수위를 넘어 필요 이상의 친분 과시를 하려는 건지, 간혹 인신공격성의 자존심을 자극하는 말을 아무 거리낌 없이 공개적으로 하는 것이었다.

그러나 어디 사람이 그런가? 직업 특성상 SNS를 하는 필자의 페이지에 그 인연은 서슴없이 드나들며 내 지인들과 인연을 맺고, 얼굴 한번 본 적 없는 그들과 필자를 놀리는 말을 댓글로 남기는가 하면 간혹 스토커 수준으로 '행동반경 언저리'에 늘 머물러 있었다. 이제는 마주치는 것이 불편한 사람이 돼 나도 모르게 피하고 있다는 것을 알게 됐다.

'딱 그만큼을 지킨다'는 것. 우리는 흔히 '결이 맞지 않아서'라는 표현을 하곤 한다. 언제부터인가 내가 그 인연에 대해 '결이 맞지 않다'고 생각하고 있음을 알게 됐다.

살아가면서 정도를 지킨다는 것이 반드시 필요한 일이기도 하다. 감성보다는 이성이 먼저 움직이는 성향의 사람이라면 일찌감치 거리를 두어 그런 실례를 범하지 않도록 관리했을 것이지만, 감성이 먼저 움직이는 '가슴형' 성향의 나로서는 '미연의 차단' 시기를 놓쳐 버린 셈이었다. 그러다 보니 질서가 무너진 인연과의 마주침을 가급적 피하면서 불편함을 감수하고 있었던 것이다.

아무리 편한 관계더라도 '지켜야 한다'는 질서를 '정도'라는 선(線)으로 정해 언행을 한다면 '타인에게 결이 맞지 않는다'고 표현되는 대상은 되지 않을 것이다. 우리가 '편하다'는 관계로부터 빚어질 수 있는 '정도를 넘는 한마디'의 말로 '딱 그만큼의 선(線)'을 지켜 상대의 자존심이나 결점(Handicap)을 자극하는 실수는 하지 말아야 할 것이다.

바라보는 '시선'만 같다면
다른 문화와 사고도 극복할 수 있다

'덥다'라는 말을 누가 시켜도 그리 많이 하지 못할 것 같았던 8월도 지나고 조석(朝夕)으로 기온 차가 느껴지는 24절기 중 14번째인 처서(處暑). '땅에서는 귀뚜라미가 등에 업혀 오고 하늘에서는 뭉게구름 타고 온다'는 자연의 미묘를 보여 주는 '처서'를 지나 '밤 기온이 이슬로 내려

와 맺힌다'는 열다섯 번째 절기 백로(白露)를 앞두고 있다.

누군가 딱히 절기를 짚어 주지 않더라도 사람들은 '몸으로 느껴지는 계절의 변화'로 자신의 신체를 보호하기 위해 옷을 벗거나 껴입는 행위를 하곤 한다.

인본주의 심리학자인 아브라함 해럴드 매슬로우(Abraham Harold Maslow)의 '인간의 욕구 5단계론'에서 보는 첫 번째 생리적 욕구와 두 번째 욕구인 자기 안전에 대한 본능의 움직임이 아닐까 한다. 그는 '인간의 욕구는 하위 욕구가 채워졌을 때 다음 욕구가 움직일 수 있다'는 간단한 논리를 말하고 그로 인해 다양한 분야에서의 활동을 분석하게끔 했다.

사람은 누구나 태어난 환경과 성장 과정, 처한 환경이 다르기 때문에 관계에서 각자가 갖는 문화의 차이는 고스란히 정서적인 차이로 떠안을 수밖에 없다. 그렇다면 그 정서 차이를 어떻게 극복하느냐가 문제인데, 다양한 사람의 성향에 따라 크게는 받아들이는 경우와 부딪혀서 개선을 목적하는 두 경우로 나뉜다.

여기에서 많은 사람들에게 "사람은 바뀌는가?"라고 질문했을 때 대다수는 "사람은 바뀌지 않는다."고 대답한다. 바뀌지 않는 사람을 두고 우리는 그 많은 마찰음으로 다양한 사람 관계의 정서적 전투를 해 나가다가 결국은 끝을 보고야 마는 이가 있는가 하면, 결국은 '포기'라는 숨겨진 방법으로 '인정'이라는 포장을 하기도 한다.

그러나 유일하게 인간만이 가진 능력인 '감정'은 '숨겨진 포기 안의 존중' 여부에 격하게 예민해지고, 세 번째 욕구인 사람들에게 사랑받고 싶어 하는 '자기애'의 본능과 네 번째의 '자존감'의 본능이 반응하게 된다. 즉, 존중받은 '인정'인지 그냥 놓아 버리는 '포기'인지에 존중 여부를 결부시킨다.

어차피 제각각 다른 환경의 사람들의 문화 차이라면, 조금만 더 귀기울인 정서적 경청을 동반한다면, 상위 본능인 자아실현의 욕구로 향해진 인간의 심리가 조금은 쉬워지지 않을까?

상대를 인정하고 받아들인다 해서 누구도 '졌다'고 하지 않을 것이고,

상대를 이해 못해 포기하고 무시한다고 해서 누구도 '이겼다'고 하지 않는다. 대인 관계가 어려울 수밖에 없지만 '정서적 귀 기울임'은 요즘 같은 삭막한 사회에 정말 필요한 과정이 아닐까?

오히려 '상대를 인정하는 존중'으로 자신에게 성숙의 거울을 비추어 보는 쪽이 대인 관계의 진정한 승리자가 아닐까? 생리적인 욕구에서 꿈틀거리는 인간의 욕구는 어차피 자신의 성취감으로 목적돼 있을 테니, 그 쉬운 '사람 관계 공짜 없더라.'는 말처럼 존중하고 인정받는 현명한 선택으로 자신을 완성하려는 성숙함이 필요할 것이다.

1년 중 24절기에서 비추어 본 사람의 욕구는 결국 자신의 안전함과 함께 자신을 보호하는 데에 가장 크게 반응한다. '상대방의 정서를 존중하는 인간관계'라면 아무리 문화와 사고의 차이가 있더라도 우리가 바라보는 시선은 '존중'으로 향해 있을 것이다.

절제(節制)의 미덕

포털 사이트에 '절제'라는 말을 검색해 보면 '정도에 넘지 아니하도록 알맞게 조절하여 제한함'이라고 설명되어 있다. 그러나 사람이 살아가 다 보면 어디 마음대로 절제하고 정도를 지키게 되는가? 간혹은 질서 라는 규정 안에 피곤해야 하는 일이 있기도 하고, 필요 이상의 정도에 맞지 않는 질서로 인해 한숨을 짓는 경우도 비일비재(非一非再)하리라.

가을이 되고 민속 대명절인 추석을 지내고 보니 자연의 질서인 수확을 만나는 시기인 것처럼 물 흐르듯 자연스러운 순리대로의 질서가, 가끔은 속도를 필요로 하는 중대사에는 '어기는 질서'가 '융통성'이라는 이름으로 필요하기도 하리라.

가을 수확물의 성장과 좀 더 풍성한 결실을 위해 농작물에 투여되는 비료나 병충해를 막아 주는 농약을 뿌리는 것처럼 가는 길에 독려한다는 융통성으로 다른 방법을 쓰기도 한다. 이처럼 인간만이 할 수 있다는 생각이 '자아낸 융통성'이라는 이름으로 만들어지는 비일비재한 방법들이 슈퍼 푸드의 개발을 위해 무리하게 자연의 질서를 어기기도 한다.

이렇듯 더 편한 결과물을 생산해 내기 위해 조금씩 방법을 달리하던 생산 방식이 농작물뿐만 아니라 식품이나 음식에 절제(節制)와는 거리가 있어 보이기도 하지만 "이쯤이야" 하는 안일함에서 오는 안전 불감증을 자아내기도 한다. 최근 주변의 사사로운 일들을 지켜보면서 느껴지는 절제(節制)라는 단어에서 오는 교훈이 '넘침은 부족함만 못하다'는 공감을 끌어내는 사례를 비유하고자 한다.

지역의 문화센터 등의 기관에서 노래 강사 활동을 하면서 수강생들에게 '선생님'이라는 호칭에서 오는 수강생들의 연령대의 특징상, 강사를 동생이나 딸처럼 챙기는 휴머니즘이 넘쳐난다. 그런 생활에서 오는 '분에 넘치는 대우'는 시간이 흐르면서 당연한 강사의 특혜나 특권처럼 되어 버렸고, 오히려 그 챙김을 행하는 수강생들의 후원까지도 '당연한

과정'이 되어 버렸다.

　그 '당연한 과정'은 노래 강사의 활동 전 생활을 모두 바꾸어 버렸고, 강사의 가족들이 섭취할 밑반찬까지 정기적 상납(?)을 하는 생활의 가사와는 거리가 먼 상황이 되어 버렸다.

　그뿐인가? 연예인들의 생활과도 유사한 노래 강사들의 생활은 활동 시 교류하던 골프까지 이어진 가운데 2020년부터 이어진 '코로나'라는 강적의 짧지 않은 시간 거리 두기 지침에 따라 수업을 하지 못하게 되면서 수강생들과 만나지 못하는 시간이 길어지고 가사에 이미 손을 뗀 생활은 바로 '생활고'로 이어졌다.

후원이 넘치던 코로나 전의 생활을 자제하지 못하고 코로나가 끝나면 이어질 것을 기대해 전과 같이 마이너스 통장으로 연명하는 절제(節制) 없는 낭비벽은 결국 파산 직전까지 오게 돼 당장 생활고를 말하면서도 골프를 하기 위한 비용을 빌리러 다니는 신세가 되었다.

무엇이든 잘될 때 더 잘될 기대로 하는 노력을 멈추지 말아야 하겠지만, 더 잘될 거라 기대해 검소하지 못한 생활로 연예인 코스프레를 하며 가식적인 생활을 이어 가다가는 결국 옛말에 '뱁새가 황새 따라가다가는 가랑이가 찢어진다.'라는 표현을 떠올리게 만든다.

무엇이든 탄력을 받았더라도 멈출 줄 아는 지혜로 절제(節制)를 할 수 있다는 것은 누구에게나 필요한 겸손이고 아름다운 덕목이다. 한 사람에게 넘침이 어디 있겠는가? 다만, 무엇이든 넘침보다는 알맞게 조절된 '거기까지'라는 '절제(節制)할 수 있다'는 멈춤의 미덕이 빛나는 것이지….

관계(關係)는
곧 관리(管理)다

"사람 안 변합니다. 암요."

어떤 이는 손사래를 치며 "사람에게 뒤통수 한두 번 맞아 보지 않은 사람은 아무도 없을 것이다."라고 말한다. 그것도 가깝거나 평소에 잘

챙겨 주던 사람인 경우가 대부분이다. 그도 그럴 것이 '가까운 관계에 있었으니 당했다'라고 표현하는 감정은 관계의 정도에 따른 기대치에 비례하기 때문이다.

원래 사람이 어려움을 당하게 되면 가장 먼저 떠올리는 사람 또한 가장 가까운 사람이 아닐까? 내가 도움을 요청하면 도와줄 수 있는 사람을 떠올리며 그의 마음을 계산해 보는 건 당연한 이치다. 만에 하나 '도움을 요청했을 때 거절하면 어쩌지?' 하는 불안함도 없지 않겠지만, 대부분이 그런 경우까지도 생각하면서 도움을 청할 것이다.

그러다 보니 도움을 청할 대상을 선정할 때 거절을 하지 않을 사람, 또는 정말 일의 가능성에 기대치를 함께해도 좋을 사람을 선정하게 되는 것이다. 그래서 우리는 돈과 관계된 사고가 나서 일이 약속대로 풀리지 않을 때 "돈이 거짓말하지, 사람이 거짓말하는 게 아니다."라고 말하기도 한다.

누군가는 말한다. 절대 가까운 사람끼리는 돈거래를 하지 않는 거라고. 그러나 어디 삶이 그러한가? 더불어 산다는 이유로 마음이 동해 무리해 도움을 주고 함께 고통을 받는 경우도 주변에 비일비재하다.

그러나 여기서 부터가 정말 관리(管理)인 것이다. 일부러 해결하지 않으려 작정하는 사람은 없겠지만 '미안해서' 혹은 '볼 면목이 없어서'라는 이유로 도움을 준 사람을 피하고 거리를 두게 된다. 그때부터 관계에

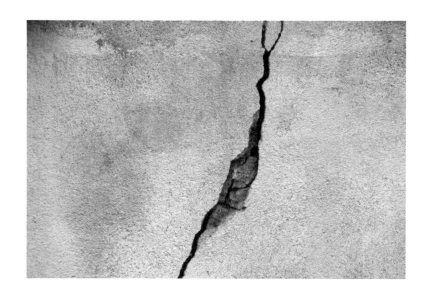

균열이 생기기 시작하고, 드디어 그 흔한 '뒤통수를 친 사람'으로 표현된다.

의도적인 계획이 아니었고 '관계가 형성되었던 이'라면 누구나 후회하게 되지만 실수였음을 인정하고 "그래! 차차 회복해 나가자." 하는 마음으로 기다려 줄 수도 있다. 그러나 도움을 줄 수 있는 일에 대해서 많은 사람들은 더 불편해지기 십상이다.

비단, 그것이 돈 문제뿐이겠는가? 평소 누군가에게 신뢰에 영향을 미치는 일이 있었다면 꾸준히 자신의 본모습을 보이면서 다시 관계 회복에 노력을 기울일 텐데, 아이러니하게도 인간만이 가졌다는 '공감'이라는 감정을 그늘진 방향으로 기울여서 이용한다.

그러다 보니 좋은 관계에 혹여 영향이 미칠 것을 우려해 가장 도움을 주고받아야 할 인적 자원이 막상 시너지를 발휘할 수 있을 때 오히려 피해를 끼칠까 손을 내밀지 못하게 되고, 그러다가 간혹 오해가 발생해 더 멀어지게 되는 관계의 위해 요소가 되기도 한다. 그래서 사람들이 자칫 잘못하다가 가까운 사람에게 피해를 끼칠까 우려해 "가까운 사람과는…"이라는 표현으로 미리 방어를 하게 되는 것은 아닐까?

'사람', 참 어려운 학문이다. 어려운 일이 생기면 가장 먼저 손을 내밀어 "도울 거 없냐?"고 하는 사람이 있는가 하면, 반대로 도와 달라고 할까 봐 오히려 피하는 경우도 있으니, 그것이 바로 관계의 척도라 할 수 있다. 또 그 사람의 됨됨이라 할 수 있다.

실수였다면 "사람 안 변합니다."라는 말은 진정성에서는 필요하지 않은 말인 것처럼 회복을 향한 애씀으로 관계(關係)를 보살펴야 할 것이다.

'사람'. 어려운 학문인 만큼 진정성이 동행된다면 달리 관리(管理)가 필요하지 않을 것이다. 마음은 행동으로 전달되는 만큼 진정성은 관계관리(關係管理)에 가장 큰 무기이다.

'언어의 온도'에서
오는 시너지(Synergy)

"같은 말이라도 예쁘게 하면 밉지라도 않지."

우리가 일상생활 속에서 자주 듣고 하게 되는 말이다. 어떤 일을 진
행할 때 그 사람이 말을 어떻게 하느냐에 따라 일의 진행 방향이 달라

지기도 하고 크게는 일의 성패가 갈리기도 한다.

간혹, 관공서 창구에 민원 업무차 갔다가 같은 요구인데도 민원인이 어떻게 말을 하느냐에 따라, 그리고 창구 직원의 말 온도에 따라 '해결하고 가는 업무'인데도 기분 나빠 돌아가는 경우도 있고, '해결하지 못하고 가야 하는 업무'인데도 오히려 "어차피 안 되는 건데 시간 뺏어 미안해요." 하고 미안해하며 고마운 마음으로 돌아가는 민원인들이 다수 있다.

특히, 불만 민원을 해결했을 때에는 더구나 그런 언어 온도가 차지하는 비율에 따라 결과가 다르게 나타난다. 아무리 언론의 자유가 있다지만 많은 사람들이 '엉뚱한 색깔'의 존중을 기대하며 언론의 자유를 주장할 때가 있다.

말은 화자를 존중할 수 있게 이치에 맞는 말인지, 청자가 존중되어 있는지에 따라 화자가 주장하는 타당성 있는 합리적인 존중을 받을 수 있다. 누가 들어도 '자기화돼 있는 주장'을 큰 소리 내 하는 이에게 마음이 열리는 사람은 없을 것이다.

12월, 많은 이들이 무엇인가 마무리를 염두에 두고 있을 것이다. 그 마무리가 일의 마무리이든, 생각의 마무리이든, 감정의 마무리이든, 매듭을 짓고자 뒤돌아보기도 하고 자신을 재평가해 보기도 하는 과정의 시간일 것이다.

한 해를 살아오던 중 사람과의 관계에서 일어난 과정들로 어떤 이는 좋은 일만을 떠올리는 이도 있을 것이고, 또 어떤 이는 누군가와의 감정의 골이 깊어진 일로 마음 불편한 연말을 맞이하는 이도 있을 것이다.

비단, 연말이 아니더라도 주변에 의도치 않은 좋지 않은 감정 관계가 되어 버린 상대에 대해 불편한 마음을 종종 떠올리면서 '이걸 어찌 풀어야 하나?' 아니면 '내 기호랑 맞지 않으니 앞으로도 절대 얽히고 싶지 않다.'는 생각을 하기도 한다. 그런데 사람의 일이라는 게 내가 원하는 방향으로만 흐르는 것이 절대 아니다 보니, 본의 아니게 얽히고 싶지 않은 사람과 대면하게 되는 경우도 만나게 된다.

"내가 전생에 저 사람이랑 무슨 원수가 져서" 운운하며 '데면데면' 그 대상과 "일만 마쳐 봐. 다시는 안 엮인다." 하는 경우가 있고, 또는 계기가 되어 서로 마음 터놓는 대화를 하게 되는 기회를 만들어 더 발전하는 인간관계가 되기도 한다. '이왕이면 둥글게 살라'는 말이 있는 것처럼, 후자 입장에서 계기로 삼는 것이 좋겠다.

최근 겪었던 사례 중 다짜고짜 전화해 자신이 싫어하는 사람과 사진을 함께하는 활동사진을 찍었다며 짧지 않은 시간 동안 내 말은 듣지도 않고 본인의 오해된 분풀이를 한 전화를 받은 적이 있다. 평소에 참 좋은 감정으로 봐 왔던 상대였는데 그 전화를 계기로 적당한 거리 두기라는 과정이 생길 것 같은, 조금은 편치 않은 마음의 연말을 맞게 된 것이다.

　그러나 사람과 사람 관계에 감정이 좋고 나쁨을 시작하고 결정짓는
건 말의 온도이다. 이왕 하는 말, 듣기 좋은 말로 상대를 기분 좋게 하
는 말이 일의 결과를 좌우하는 것처럼 말 한마디의 시너지가 주는 결
과는 참으로 위대하다. 그렇다면 말을 좋게 한다는 건 무엇일까? 바로
'배려'다. 자신의 말을 듣는 사람은 상대일 것 같지만, 결국은 말을 하
는 자신인 것이다.

　똑같은 내용의 말이라도 표현하는 방법이 달라 결과도 다양하게 나
타난다. 어느 조사 결과 발표 결과에 따르면 남성이 좋아하는 여성의
선호도 조사에서 말을 예쁘게 하는 여성을, 여성 역시 말을 따뜻하게
하는 남성에게서 안정감을 느낀다고 한다.

　언어의 온도, 사람 관계에 좋고 나쁨을 결정하는, 가벼이 여기지 말
아야 할 참 중요한 것이다. 사람의 말 한마디는 가슴에 꽂히는 비수가
되기도 하고 아픈 상처를 치유하는 치료제가 되기도 한다. 이왕이면 자
신의 말 한마디가 상대에게 휴식이 되는 언어의 온도가 되기를 바라며,
현주소를 점검해 보는 연말을 맞아 보자.

잘 지킨 질서 아름답지만,
그렇지 않으면 궤변(詭辯)일 뿐

　파주시 통일동산에 위치한 장단콩 웰빙 마루의 햇볕 쏟아지는 마당에 나란히 줄지어 있는 장독대들의 모습을 보는데 기분이 참 좋다. 질서 있게 크기대로 모양대로 간격까지 적당한 거리를 두고 보기 좋게 지켜진 질서에 조용히 한참을 바라보다가 혼자 중얼거렸다.

"그렇지. 질서가 이렇게 아름다운 것이지. 어떻게 이렇게 많은 항아리들을 다 준비했을까? 반듯반듯, 내가 다 기분이 좋네."

잘 정돈된 장독대 항아리에 무엇이 들어 있나 뚜껑을 열고 들여다보니, 아직은 채워지지 않았지만 금세 채워질 것 같은 기대는 자연 생성되는 신뢰인 것 같다.

그렇듯 평소 품행이 단정한 사람을 보면 매무새에서 풍기는 질서가 곧 '신뢰'라는 믿음 감정으로 이어지는 질서인 것이다. '보기 좋은 떡이 먹기도 좋다.'는 속담에서 오는 사람의 감정에서 '신뢰'라는 것은 '이왕이면'이라는 과정의 질서이기도 하다.

사람 관계에서는 반드시 지켜져야 할 그 질서는 '품행(品行)'의 평가를 받을 수밖에 없는 사회생활의 꼭 갖추어야 할 덕목이다. 그렇다면 그 '질서'라는 것은 어디에서 알 수 있을까?

같은 일을 추진해도 주변을 잘 살피면서 주변의 문제 발생 요소를 잘 알아 진행하는 유형이 있다면, 그는 분명 주변의 사랑을 받을 수밖에 없을 것이다. 일이 진행되는 과정에서 방해되는 일이 발생했더라도 사람 관계의 질서를 준수해 잘 처리했으므로 일의 성공률 또한 호평을 받을 수 있다.

반대로 일을 진행함에 있어 확인해야 할 사항들을 '어떻게든 되겠지….'라는 안일함으로 미루며 진행하다가 그 안일함으로 일이 막상 막히게 되면 오히려 '안 하면 되지!'라는 식의 회피를 해 버리거나 '뭘 그렇게까지?' 하면서 엉뚱한 곳에서 이유를 찾는 유형은 분명 사람 관계에서의 질서를 지키지 않는 유형들이다.

후자의 경우 그 안일함 속에 확인해야 할 것을 미루다 질서를 지키지 않음으로 인해서 벌어지는 것임에도 상대방의 탓을 하게 되고, 대부분이 공익성을 띤 콘텐츠이므로 그 피해는 해당 관계자들과 다수가 보게 된다.

사람과 사람 사이에서의 기본적인 질서. 상대의 존중 안에서나 발견할 수 있을 법한, 누구나 지키기에 드러나지 않는 질서는 작은 것 같지만 때론 앞에 언급된 바와 같이 공공성을 띤 문제라면, 더더구나 가볍게 감정적으로 '아님 말고' 식의 처리는 질서를 지키는 것도 일을 잘 처리하는 것도 아니다. '아님 말고' 그런다 해서 질서를 지켰다고 누구도 인정하지 않기 때문에 있었던 일을 마치 없었던 일인 양 지나가 버리는 것은, 더구나 남 탓으로 돌리는 '궤변'으로밖에 평가를 받지 못한다.

사람의 관계에서 지켜져야 할 '존중'이라는 '성숙된 사고'가 늘 심어져 있는 사람과 성숙하지 못한 사람들의 차이가 질서를 잘 지키는지 그렇지 않은지의 '바로미터(barometer)'인 것이다. 통일동산의 반듯하게 줄지어 있는 항아리들의 보기 좋은 질서로 비유된 인간관계의 질서는 바로 '존중'이다. 인간은 누구나 존중받을 권리가 있기에….

바라보는 관점(view point)을 바꾸는 용기

▶▶

해가 바뀌고 지역의 모 관계자와 용무가 있어서 가졌던 자리에서 용
무를 마친 그분이 내게 모호한 질문을 했다. "혹시… 지역의 아무개 씨
를 아세요? 그분과 사이가 좀 불편하신가 봐요?" "아니요, 전혀. 잘 모
르는데…." 그런 질문을 받고 보면 사람인지라 마음이 편치 않은 건 사

실이다. 그뿐만 아니라 이런저런 그 아무개와 관련한 생각이 마라토너
가 되어 가면서 되물었다.

"우연한 기회에 이야기가 나왔는데 그리 편치 않게 말하기에 혹시나
해서요."

이미 가속도가 붙은 생각은 누군지 알고는 있지만 그분과 아무 사건
도, 특별한 만남도 없는지라 '왜 그럴까?'라는 생각으로 속도를 내어 달
려가고 있었다. 사람은 특별한 이유 없이 좋은 사람이 있을 수도 있고,
괜한 이유 없이 싫을 수도 있는 법, 그리 생각해 버리니 마음이 좀 편해
지기도 했다.

그러나 그건 어쩌면 자신을 속이는 감정이었을 수 있다는 마음에 '맞
아! 올해부터는 그냥 스스로 착한 척하지 않기로 했었지.'라며 잠시 내
감정을 돌아봤지만 필요 없었다. 해가 바뀌면서 스스로 다짐했었던 감
정 피해자가 되어 참느라 혼자 아파하는 바보 같은 짓은 하지 않고 내
감정을 돌보기로 했었던 '내 안의 자아'는 오랜 습관을 버리지 못하고
반복하고 있었다. '사람인지라…' 그렇게 감정을 내려놓으며, 괜히 미
운 사람이 되어 있을 수 있다는 억울한 생각을 다독였다.

사람들이 사물이나 현상을 관찰할 때 보고 생각하는 태도나 방향 또
는 처지를 관점(觀點)이라고 한다. 바라보는 지점(view point)이라고도 말
하는 그 관점은 특정인의 이미지를 형성시키는 데에 상당히 중요한 역

할을 하기도 한다.

잘 모르는 누군가에게 불편한 표현을 하는 사람은 본인이 그 대상에게 편치 않은 무엇인가가 있을 수 있다. 문득 비트겐슈타인의 오리토끼 그림의 '한 가지 진실'에 '두 가지 견해'가 있을 수 있다는 입장의 관점을 떠올렸다. 그림을 바라보는 사람의 관점에 따라 오리가 되기도 하고, 토끼가 되기도 하는 그 그림의 감춰진 의미가 드러나면 오리가 토끼로, 토끼가 오리로 나타나기도 한다.

이러한 경험은 대상이 변한 것이 아니라 대상을 보는 관찰자의 관점에 따라 때론 오리 부리로, 때론 토끼의 귀로 보이는 것이다. 이때 그림엔 변함이 없다. 결국 그림이 의미를 결정하는 것이 아니라, 그림을 바라보는 관찰자의 관점이 그림의 의미를 결정하는 것이다. 이는 생각과 관점의 편향성을 보여 준다.

이와 같이 우리가 바라보는 관점에 따라 물리적 대상의 감각적 외양이나 실제를 볼 수도 있고 보지 못할 수도 있다. 이렇듯 생각과 바라보는 시점인 그분의 관점이 삶의 질을 결정한다 생각하니, 필요 이상의 감성 자신감이 분출되면서 그분이 가여워졌다.

같은 대상과 조건일지라도 바라보는 관점이 바뀌면 시선이 달라지고 생각과 행동이 달라져 누군가를 표현할 때 그 대상이 잘 알지 못하는 사람이라는 이유만으로 우리는 표현을 하는 데 있어 조심스러워해

야 할 것이다. 더불어 특별한 연고나 계기가 없는 대상으로부터의 불편한 표현은 어떤 방법을 통해서라도 전해 들은 상대방에게 유쾌한 결론일 수는 없다.

사람의 위치와 처지를 당장 바꾸는 일은 현실적으로 어려운 일이지만, 잘 모르는 누군가를 편치 않게 표현한 적이 있다면 자신의 관점(view point)을 바꾸는 용기가 필요하다. 언제든 역지사지(易地思之)의 관점이 될 수 있다는 마음으로 세상을 바라보면 많은 갈등과 대립이 줄어들지 않을까 하는 마음으로….

목적에 따라 객관성(Objectivity)과
타이밍(Timing)은 중요하다

　타인과의 대화에서 내 생각보다는 '누가 그러던데?'라는 표현에 익숙한 사람들이 있다. 일종의 '카더라 통신'에 익숙한 사람들이 자신 없는 표현을 에둘러 말하거나, 또는 말하기 곤란한 내용을 말할 때 사용하는 표현이기도 하다.

2018년, 서남대학교(現 교육부령으로 폐교) 예술경영학과의 작사학과 강의를 하던 나는 오후 1시부터인 수업을 미리 준비한다는 생각으로 학생들과 점심을 먹기도 하고, 때로는 비어 있는 강의실에 미리 들어가 있으면서 그날의 강의안을 다시 보기도 한다. 늘 학생들을 기다리는 따뜻하고 편안한 교수를 자처했었다.

어느 날 교수들이 함께 자리한 교수회의에서 동료 교수 한 분이 "박교수님은 왜 늘 강의실에 미리 가 있느냐?"면서 "학생들이 연습하고 싶어도 교수님이 계셔서 할 수가 없다고 한다."며 말하는데 얼굴이 뜨겁게 달아오르는 무안함을 감출 길이 없었다.

그도 그럴 것이, 실용음악학과의 특성상 강의실에 있는 악기며 음향들이 다 학생들의 실습도구들인데 나의 필요 이상의 부지런함이 오히려 제자들의 연습을 방해하는 요인이 돼 있었던 것이었다. 그러나 나도 사람인지라 누구나가 받고자 하는 존중의 욕구가 먼저 움직여서 얼굴 화끈거림에도 불구하고 말씀하신 교수님께 "누가 그래요?"라는 질문이 먼저 나가게 되자, 상대방도 당황해 "학생들이 그러더라."며 급히 둘러댔다.

물론, 그 이후 나의 강의실 출입 시간과 시작이 정시로 바뀌었지만, 학생들의 연습은 강의실이 아닌 연습실에서 진행되었다. 후에 알게 된 내용이지만, 그 교수님의 수업 시간이 나와 같은 시간임에도 늘 학생들이 5분 이상을 기다려야만 강의를 시작한다는 것이다.

그러다 보니 당연하게 학과장으로부터 비슷한 비교군을 들어 이야길 하자니 수업 시간과 요일이 같은 필자가 언급되면서 시간 엄수에 대한 불편한 말을 듣게 되었던 것이다. 결국 그 교수님에게는 '나 때문에 이런 소릴 듣게 되었다'는 또 다른 핑계와 원망의 대상이 필요했던 모양이다.

　만약, 그 교수가 그런 이야길 조심스레 '귀띔'해 줬었더라면 분명 '누가 그래요?'라는 질문보다는 '그럴 수 있겠네요.' 또는 '생각을 못 했네요.'라는 순응의 표현이 먼저 나가지 않았을까? 그래서 말에도 타이밍(Timing)이 중요한 것 같다. 말을 해도 괜찮을 상황과 장소라는 의미를 가진 '시도 때도'라는 말과도 유사한 의미를 지닌다.

　자신에게는 별 의미를 갖지 않는 말이지만 그 말에 관계된 사람에 따라 분명 상황과 장소는 중요한 법. 그래서 타이밍의 중요성은 정말 큰 오해를 불러일으키기도 하고 간혹은 '카더라 통신'의 잘못된 이용으로 인해 피해를 보는 이가 생기기도 한다.

　또는, 현장에 관련된 사람이 있어서 바로 알게 되는 경우라면 큰 문제가 되는 경우는 드물지만 혹여 관계자가 없는 자리에서의 '카더라 통신'에 의존된 한마디의 말은 '누가 그러더라!'로 번져서 일파만파 문제를 일으키는 경우도 비일비재하다.

　'그럴 것이다'라는 생각으로 내뱉은 말 또한 같은 결과이다. 최근에

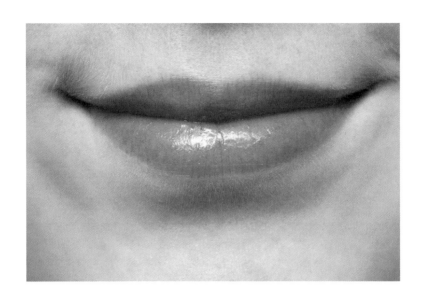

유명 유튜버의 죽음을 통해서도 알게 된 '한마디 말의 힘이 사람의 목숨을 살게도 하고 죽게도 할 수 있다'는 위험성을 인지해야 할 것이다.

　더구나 제20대 대통령 선거를 앞둔 우리에게 생각 없이 쏟아 낸 한마디 말의 객관성(Objectivity)과 신뢰 없이 흘러 들어온 '카더라 통신'이 난무하는 시기에 내가 내뱉은 말의 주체와 때에 맞는 말은 아니었는지의 타이밍(Timing)을 생각해 보는 '돌아봄'을 필요로 할 때이다.

서비스의 가치 기준은
존중(尊重)

　며칠 전, 자동차의 서비스 점검 기간이 도래해 서비스센터에 방문했다가 심기가 편치 않은 일이 있었다. 점검 서비스가 예약된 시간에 입고를 하고 담당 매니저의 점검 항목별 안내와 소요 시간을 안내받고 "30분 정도 당겨질 수도 미루어질 수도 있다."는 말에 작업을 하면서 기다릴 생각으로 노트북을 들고 고객 라운지로 갔다.

그렇게 30분 정도 지났을까? 우리가 흔히 TV에서 볼 수 있는 한 연예인이 고객 라운지에 들어서는 것이다. 코로나19로 인해 제한적인 서비스가 있지만, 많은 고객들은 이해를 한다. 그런데 내 차를 담당한 매니저가 1층 접수창구가 아닌 3층 고객 라운지에서 고객으로 온 그 연예인의 소파 옆에 무릎을 꿇다시피 하고 서비스 내용에 대해 안내하고 있는 게 아닌가?

연신 굽신거리는 태도에 함께 기다리고 있던 라운지의 고객들의 눈살은 자연적으로 찌푸려졌다. 그리고 1시간 정도가 지났을까? 매니저가 직접 그 서비스 차트를 들고 와 들어올 때와 같은 자세로 확인 서명을 받고 1층까지 거의 의전에 가까운 행동으로 안내하는 모습을 보면서 '아직도 우리 문화에서 저런 모습을 보는구나.'라는 생각이 들면서 고개를 가로저었다.

그로부터 내게 안내했던 미루어질 시간인 30분이 지나도 안내가 없어 담당 매니저에게 가 보니, 너무 당연하게 그 매니저는 "고객님 조금만 기다리세요. 아직 작업이 안 끝나서요."라면서 시계를 보는 것이다.

"안내한 시간이 지나서요."라고 했더니 "급히 수리해야 할 차량이 있어서 작업이 조금 늦어졌다."며 오래 기다린 고객에게 전혀 미안한 마음이 안 보이길래 "예약을 하고 와서도 이렇게 오래 기다려야 하니 답답하다."고 했다. 그랬더니 그는 그 연예인의 우선순위가 마치 당연히 '예약을 한 고객이 감수해야 할 일'처럼 말하는 그에게 조용히 한마디 했다.

"당연한 게 아닌 양해를 구해야 할 일을 죄송하다란 말이 그리 안 나오세요? 죄송하지만, 담당 매니저 바꿔 주세요."

그는 좀 전의 인기 연예인을 우선순위로 봐주느라 내게 안내한 시간을 아무렇지 않게 받아들이도록 하고 있었다. 서비스를 받아야 하는 입장에서는 누구나 동등한 대우가 있어야 하지만, 그에게는 자신의 업무인 서비스도 힘의 기울기에 기울여져 있음이 느껴지자 불쾌한 마음을 감추기가 어려웠다. 그때서야 "죄송하다."며 담당자를 바꾸려는 내게 머릴 숙였지만, 고객으로서 존중받지 못한 나의 결정은 바뀌지 않았다.

사람들은 스스로 선택할 수 있다면 누구에게나 좋은 사람의 프레임으로 비춰지고 싶을 것이다. 필자는 이 단순한 고객 응대 오류에서 순자의 성악설(性惡說)을 떠올렸다. 누구나 관능적으로 개인의 욕망과 생(生)의 충동이 일어 개인의 이익을 추구하게 되는 것이다. 맹자의 성선설(性善說)과는 대립되는 학설로서 순자의 "인간은 본디 악하지만 후천적인 노력에 의해 바뀔 수 있다."는 주장이 묘하게 이해되는 순간이었다.

인성이란 것은 마음씨이고 선(善)과 악(惡)은 도덕적 가치를 의미한다. 눈으로 보이는 금전적 이익을 받지는 않았지만 사람들에게 '내가 인기 연예인 누구를 서비스했다.'라는 '유치한 우쭐댐'을 위해 그가 한 서비스는 '감정 이익'에 가치가 실린 것이다.

간혹 지역의 관공서를 방문하다 보면 유사한 사례들로 민원인의 얼굴을 찌푸리게 하는 사례들을 곧잘 만나게 되는데, 최소한 서비스가 동반되는 업무에 있어서는 대상 누구나 동등함이 존중되어야만 할 것이다. 가치 기준은 결국 자신이 정하는 것이 아니라, 대상에 대한 최소한의 존중이 답인 것이다.

행복(幸福)은
건전한 사회적 관계에서…

"한국인은 행복한가?"

최근에 필자에게 주어진 질문이다. 이 질문은 사실 많은 생각을 하게 하는 질문이었다. 그것은 나를 내려다보는 '바로미터(barometer)'가 되기도 하고, 분명 「2022년 세계 행복 보고서」를 통해 5년 연속 핀란드의 1위를 이미 보아 온 터라 사회 활동을 하는 이라면 함께 고민해 볼 일이었기 때문이다.

「세계 행복 보고서」에서 10위 이내는 유럽 국가들이었고, 동아시아 중에서는 대만이 세계 26위로 동아시아권 1위였다. 반면, 한국 사람들은 계속되는 발전과 성장을 거듭하고 있고, 1인당 GDP가 3만 달러가 넘는 경제 환경에서 사는데도 행복 지수가 세계 59위밖에 되지 않는 이유는 무엇일까? 게다가 한국이 OECD 국가 중 자살률 1위라는 것은 참으로 아이러니한 일이다.

OECD '더 나은 삶 연구소(Better Life Institute)'는 지난 3월 9일 「2020 삶의 질 보고서」를 통해 OECD 회원국과 4개 협력국을 포함해 총 41개국을 대상으로 각국의 생활 수준을 비교 분석 발표했었다. 사회적 불평등 수준이 OECD 평균을 크게 웃돌고 있었고, 하위 20%보다 상위 20%의 소득이 약 7배 더 높아 OECD 평균인 5.4배보다 훨씬 높다는 결과가 나왔다.

한국인의 행복을 방해하는 또 다른 요인이 바로 '낮은 사회적 신뢰감'이라 한다. "필요할 때 의지할 가족이나 친구가 없다."고 답한 한국인은 19%였다. 국민 5명 중 1명이 거주지를 타 지역으로 옮겼을 때 사회적 고립감을 느낀다는 것이다.

이와 같은 조사 결과들을 보면서 '가까운 지역에서의 가까운 이웃들이 그런 환경이라면 우린 그들을 신경 쓰지 않고 과연 행복할까?' 하는 생각을 하게 되었다. 도시 성장을 위한 승격에 기여함에도 불구하고, 지역의 정치 성향으로 편을 나눠 구분하려는 원주민은 유입인구들에 대한 타 지역의 정착 설움을 한 번쯤 생각해 볼 수 있을까?

불평등 수준은 높고, 사회적 신뢰는 OECD 최저 수준이라는 조사 결과도 한국인의 행복 지수, 즉 각자의 주관적인 삶의 만족도가 낮은 이유로 작용하기도 한다. 인간은 본인의 경제적 문제, 건강 문제가 없다고 해서 행복감을 느낄 수 있는 것만이 아니다. 가까운 사람들 사이에서 함께 살아가는 존재이기 때문이다.

"진정한 행복은 타인과 맺는 따뜻한 관계 속에서 비롯된다."

루이지노 브루니의 말처럼, 우리가 행복해지기 위해서는 가까운 이웃과 적극적으로 사회적 신뢰를 구축하고 관계를 이어 가야 한다. 행복은 건전한 사회적 관계에서 발생하기 때문이다.

그런데 '말은 나면 제주로 보내고 사람은 나면 서울로 보내라'는 속담처럼 지나친 경쟁과 개인주의의 단계를 지나 지나친 이기주의 성향들의 차별과 배척이 난무한 지역 풍토의 통증이 여기저기에서 알려지고 있다.

진정한 행복은 나뿐 아니라 나와 타인, 나와 세상의 균형과 조화에서 이루어진다. '삶의 질'을 높이는 관점에서 주변을 새롭게 바라보고 사

회적인 균형을 이루기 위해서 우리는 주변의 '관계 나무'를 잘 가꾸어야 한다. 정작 자신의 가까운 이웃이 행복하지 않다면, 자신의 환경을 '지옥'처럼 여기는 이들이 있다면, 가까운 내 주변을 둘러봐야 할 것이다.

나로부터 건강한 사회적 관계망을 통해 우리가 사는 환경을 '지옥'이라 여기는 이곳을 '살 만한 천국'으로 바꾸려는 시도는 지역에 아주 큰 사회적 기여가 될 것이다.

MZ세대의 '공감 능력'은
'소통의 실력'이다

▶▶

'누구나 모든 일을 다 잘할 수는 없다'는 것쯤은 구태여 말해 주지 않아도 알 수 있다. 물론 사람 중에는 무슨 일을 맡겨도 다재다능하게 해내는 사람도 있지만, 이미 '잘한다'고 하는 이미지가 고착될 만한 사례가있기 때문일 경우가 많다. 잘하는 사람 대부분은 일에 관련한 대화를 했을 때 집중도가 상당히 높은 모습으로 공감이 동반된 몰입도를 보인다.

반면, 무슨 일을 맡겨도 안심이 되지 않고 날짜가 다가올수록 오히려 일을 지시하고도 확인하게 되는 노파심을 작용시키는 사람이 있다. 이런 사람의 유형들은 해당 업무 대화를 할 때 집중을 하지 않고 딱히 시급한 용무가 아닌데도 전화 통화를 하거나 휴대전화를 손에서 놓지 않고 대화 중 산만한 태도를 보이는 유형들이 많다.

전자의 경우, 처음부터 신뢰를 받을 만한 태도의 효과가 주는 이미지가 크게 작용하기도 할 것이고, 후자의 경우는 이미 대화 시부터 집중하지 않는 모습으로 인해 결정된 이미지 메이킹(Image Making)의 실패 사례가 된 것이다.

누구나 무슨 일을 능숙하고 믿을 만하게 해낸다는 것은 그만큼의 관심과 함께 처리자의 집중과 선택의 습관화된 기술이 동반된다는 것. 그러나 한 분야에 뛰어난 능력을 발휘하기는 쉽지만, 여러 분야에 그런 능력의 신뢰를 받는다는 것은 오랫동안 학습하고 생활로 내재화해 온 결과라 할 수 있다. 사람의 이미지는 그만큼 중요한 것이다.

사람의 사회적인 욕구로 인해 인정받고 싶은 '누구나의 본질적인 욕구'이겠지만, 인간에겐 가장 피할 수 없는 본능에서 움직이는 '자신에게 가장 관대한 심리구조'로 인해 집중하지 못함으로써 빚어진 오류에는 반드시 변명이 따른다. 집중하지 못해서 놓친 자신의 태도보다는

'그때 사실 신경 쓰이는 일이 좀 있었기 때문'이라거나, '자신의 환경이 편치 않았다'는 이유가 자연스레 나오게 된다.

그러나 여기서 가장 중요한 핵심은 사람들은 너무 미안하게도 그 이유에 대해 귀가 크게 열리지도 않을뿐더러 관심이 없다는 것이다. 다만, '그랬더라도…'라는 반의어가 생긴다는 것이다. 그것은 바로 변명의 상황이 태도가 되어서는 안 된다는 것이다.

여기서 짚고 가자면, 상황은 누구에게나 있을 수 있지만, 누구나 같은 태도로 자신의 이미지를 고착화시키진 않는다는 것이다. 같은 환경, 같은 시간, 같은 말을 듣고도 충분히 상대에게서 인정을 받는 사람과 인정을 받지 못하는 것은 다시 말해서 '집중의 공감 능력'이라는 것이다.

이미 오더가 내려지기 전 관련 대화 시 집중이 '공감의 집중'이 되었다면 이미 서로는 신뢰가 쌓여 가고 있다는 것이다. 그러나 집중을 하지 못한 후자의 경우는 성의 있게 듣지 않았기 때문에 이미 공감을 할수 있는 타이밍을 놓친 것이다.

지금 세상은 '소통'을 그만큼 중시하고 '불통'으로 인한 많은 오류들이 난무하다. 바야흐로 디지털 환경에 익숙하면서도 이미 아날로그를 경험한 MZ(Millennials and Generation) 세대들이 주력인 지금, '능소능대(能小能大)'한 이들이 인정받는 세상이 될 것이다. '경청이 동반된 인정의 공감'은 이제 소통이 능력이 된 시대에 꼭 갖추어야 할 요소이다.

한계성의 극치에 달하는
SNS(인간관계 연결망)

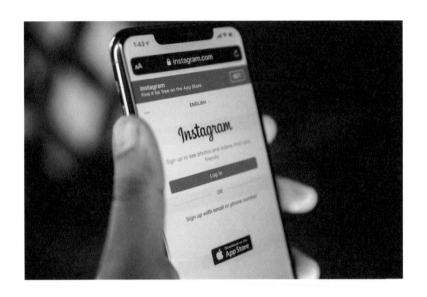

　"사람이 불행한 이유는 아무짝에도 쓸모없는 것을 믿으며 시간 낭비하기 때문이다."

　최근 유료 서비스를 통해 영화 〈국제수사〉를 보면서 깊은 공감과 함께 떠오르는 일들이, 아니 정확하게 말하자면 떠오르는 얼굴들이 있었다. '세상에 쓸모없는 것은 아무것도 없다'라는 말이 여기서 저울질을 하려 들지만 분명 '쓸데없는 것'은 있다.

사회 활동을 하다 보면 다양한 직업군의 사람들을 만나기도 하지만, 다양한 성향들의 만남이 있기도 하다. 그러다 보면 간혹 "저 사람 왜 저래?" 하는 일이 생기기도 하고, 그렇다고 꼭 그 대상을 이해하려 노력하지 않는다는 것 또한 인간관계의 간섭(轟音)이 생기지 않게 편히 사는 방법 중 하나다.

요즘 해도 해도 너무 지나친 SNS(Social Network Services)의 사례들이 그렇다. 누군가는 자신의 사생활을 즐기기 위해 일기처럼 기록을 하는 사람도 있지만, 또 누군가는 필요 이상의 많은 사람들의 이해를 받지 못할 내용이나 TV 뉴스의 정치적 내용에 분개하며 연령이나 성별 등의 제한이 없는 점을 개의치 않고 '피드' 하는 사람들을 자주 본다.

필자는 그와 같은 '피드'를 자주 보게 되면 괜한 '확인을 하고자 하는 작은 욕구'가 움직이면서 그 사람의 페이지를 찾아보게 된다. 그렇다 하여 그런 사람을 SNS에서만 보게 되는 건 아니다. 실제로도 알고 지내는 사람이지만 정도가 지나친 표현을 적은 게시물에 드물지 않게 마음이 상하기도 한다.

그렇다면 그들은 왜 굳이 혼자만의 눈살 찌푸려지는 정보들을 다른 사람들과 공유하는 인터넷 사회관계망에 자신의 신념에만 치우친 내용들로 자신과는 상관도 없는 내용에 대해 지나치게 감정을 드러내며 표현할까? 자신이 믿고 있는 신념으로 하는 행동이지만 한 번쯤은 타인의 시선이나 평가가 따를 거라는 생각을 해 보는 것이 필요하지 않을까?

애매모호한 자기 기준을 마치 정답인 양, 또는 자신이 잘 알고 있는 것처럼 아무렇지 않게 공유하는 무책임한 SNS 활동들이 난무한 요즘…. 어디 그뿐인가? 혼자만의 친분 온도로 장난기 섞인 조롱이나 비아냥의 댓글들을 서슴없이 써 올리는 이들을 볼 때면, 그 사람들의 특징을 찾아볼 수 있다.

그것은 결국 자기만족인 것이다. 더불어 다수의 사람과의 관계에서 자신의 숨어 있는 열등감이 엿보이기도 한다는 것이다. 그들의 열등감은 친분이라는 핑계를 중심에 놓고 상대방을 깎아내리는 비하 언행에서 이미 적나라하게 나타난다.

사람의 관계, 인터넷의 사회관계망은 절대 '존중'이라는 '기본'이 지켜지지 않으면 유지도 어렵지만, 더 이상의 밀접도도 이루어지지 않는다. 그래서 며칠 전에 본 〈국제수사〉라는 영화에서의 명대사에 더 공감 가기도 했던 것이다.

'사람이 불행한 이유는 쓸모없는 것을 믿으며 시간을 낭비하는 것'이라는 말에서 얻어지는 '실속'이라는 단어는 어쩌면 우리 사회에서 계산

적이지만은 않은 현타(現 Time)를 주는 말이기도 하다. 우리는 원하든, 원하지 않든 다수의 사람과 감정을 느끼고 언어 스킨십을 하며 살아갈 수밖에 없는 사회구조에서 '한 번쯤은 자신의 행동을 내려다보는 생각으로 타인에게 구태여 저평가를 받거나 불미스러운 지적으로 이미지를 훼손할 필요는 없다'는 것을 말해 주고 싶다.

바쁜 세상에 굳이 자신만의 열등감이 엿보이는 나약하고 쓸모없는 신념으로의 게시물이나 댓글들로 존중(尊重)의 질서를 저버리는 일은 없어야 할 것이다.

나로의 여행(Mind Control), 알아차림

　누구나 마음을 다스리는 일이 중요하다는 사실을 안다. 하지만 감정을 주체하기란 쉽지 않다. 그래서 '마인드 컨트롤'은 모두에게 필요하다.

누구나 마음이 흔들릴 때가 있다. 연인과의 이별, 지인과의 갈등, 일에 대한 불만족 등 일상에서 마주하는 크고 작은 일들은 마음을 무너뜨린다. 감정을 가진 인간인 이상 어쩔 수 없다고 하지만, 중요한 일을 앞두고 들이닥친 마음의 풍파는 결과를 바꿔 놓기도 한다.

마음을 다스릴 줄 아는 사람들은 어려움을 딛고 성공에 도달하는 반면, 그렇지 못한 경우 실패와 직면하게 된다. 그래서 '마인드 컨트롤'이 중요하다. 마음을 의미하는 'Mind'와 통제를 뜻하는 'Control'을 합한 개념인 '마인드 컨트롤'. 본인을 포함해 누군가의 마음 혹은 정신을 조종하는 능력을 말한다.

최근 '마인드 컨트롤'의 중요성은 나날이 커지고 있다. 분절된 사회 속에서 외부의 자극으로 인해 마음이 흔들리는 일이 허다하기 때문이고, 또 자신의 고민을 털어놓는 행위가 자칫 '흠으로 여겨질 것 같다'는 불안감으로 혼자 앓고 마는 경우가 많기 때문이다. 온라인 커뮤니티 등에서는 일상에 안정을 불러오는 방법을 묻는 글이 계속되고 있다.

내면의 힘을 기르는 자기 계발 서적에 대중적 관심이 쏠리고, 전문가와 함께 감정 솔루션을 진행하는 감정 코칭, 마음 스파, 관련 강연 등을 필요로 하는 것도 마음의 갈피를 잡는 방법에 대해 궁금증을 갖는 이들이 계속 늘어난 이유일 것이다.

세계 유수의 경기에서 빛을 발하는 스포츠 스타, 자신이 몸담은 업계에서 실력을 인정받은 인물, 학업에서 큰 성과를 얻은 학생들에게는 공통적으로 자신만의 '마인드 컨트롤' 방법이 있다고 한다. 이는 내면의 힘이 단단해야 성공할 수 있다는 뜻이기도 하지만 '마인드 컨트롤'은 반복된 학습이나 인지능력 단련으로 완성될 수 있음을 뜻하기도 한다. 긴장감을 이완해 평정심을 얻기까지 같은 행위를 반복하는 방법으로 말이다.

그렇다면, 이 중요하고 필요한 'Mind Control'을 어떻게 시작해야 할까? 스트레스 연구가 요즘처럼 주목받고 사람들이 이토록 많은 스트레스를 받았던 때가 없었을 것이다. 스트레스는 '마인드 컨트롤'과 밀접한 관계에 있고, 감정을 다스리지 못해 분노, 슬픔에 잠기면 곧 스트레스로 이어지기 때문.

스트레스는 어떻게 받아들이느냐에 따라 차이가 극명하다. 같은 상황일지라도 고통스럽게 받아들이는 사람이 있는가 하면, 어떤 사람은 발전의 과정이라고 여긴다. 그래서 스트레스는 불가사의의 영역이며, 그 때문에 다양한 극복 방법들이 심신의 안정을 좌우하기도 한다.

'마인드 컨트롤'의 핵심은 나의 감정을 객관적으로 바라보는 것이다. 마음이 뜻대로 흘러가게 하기 위해서는 우선 내가 어떤 상태인지 자신의 상황을 우선 파악해야 한다. 자신의 마음에서 일어나는 변화를 확인하고 나에게 가장 필요한 말과 행동을 찾아가는 것이다. 한마디로 나에게 몰입하는 시간을 만드는 게 핵심이다.

그리고 인생의 몰입을 방해하는 요소를 하나씩 제거해 나가야 한다. 마음을 알아 가는 과정에서 두려움, 좌절감을 마주할 수 있지만 문제를 직면해야만 해결할 수 있다. 아직 두려움의 출구를 찾지 못했을 뿐 두려움은 지극히 인간적이다. 마음을 가다듬는 과정에서 느끼는 감정으로, 즉 마음 상태를 알리는 일종의 시그널인 셈이다.

2020 도쿄 올림픽 양궁 국가대표 김제덕 선수는 경기에서 파이팅 넘치는 구호로 화제의 중심에 섰다. 알고 보니 경기에 대한 긴장감과 두려움을 해소하는 그만의 '마인드 컨트롤 기법'이었다. 그뿐인가? 탁구 여왕이었던 현정화 선수의 경기를 볼 때마다 날카로운 기합 소리가 바로 이처럼 자신 스스로에게 보내는 파이팅 구호였던 것이다.

이렇듯 자신이 두려움을 느끼는 상황을 파악하고 해소할 수 있는 창구를 만드는 게 중요하다.

필요한 문제의식(問題意識)

　의식이 있다는 것'은 '깨어 있음'을 의미하는 것이고, 사회를 이루고 집단 활동을 하며 살아가야 하는 사회적 동물인 우리는 반드시 '왜(Why)?'라는 문제의식의 활동사고가 필요하다. 요즘처럼 깨어 있는 사고의 움직임이 필요한 시기에 '문제의식'은 더욱 그리워진다.

사회적인 변화로 인한 개인주의는 집단 이기주의로까지 영향을 끼쳐 실제 우리가 귀속된 단체에도 많은 영향을 미치고 있고, 가깝게는 내 형제, 내 이웃이 고스란히 피해자가 되어 있기도 하다.

개인주의를 넘어 이기적인 '대다수의 사람'들은 상대가 아무리 좋은 말을 하더라도 그 말을 듣는 것보다 자신의 말을 조용히 듣고 이해해 주는 것을 더 좋아한다. 그래서 나와 큰 관계가 없는 일이라면 괜히 끼어들어서 피곤해지지 않는 게 상책이라는 일반적인 지금의 작태에 이른 것이다.

원치 않는 좋은 말을 해서 고마워하기는커녕 오히려 관계가 불편해지는 것보다는, 경청이라는 기술을 빙자해 들어만 주는 입장이 되는 선택이 진흙탕 속에 들어가고 싶지 않기 때문이라는 점에서 어느 정도 이해는 된다. 문제는, 불편한 관계를 피하기 위해 '좋은 게 좋은 거다'라는 무책임한 이유로 겨우 들어만 주는 경청을 하면서 "이건 아닌데…" 하면서 다음 과정에서 필요한 '왜?'라는 문제의식을 갖지 않는다는 것이다.

만일 그 문제의식을 공감해 인정하게 되면 치러야 할 일들이 많아지기 때문일 것이다. 지금까지 무책임하게 이어져 온 관례에 대한 반기를 들어야 하며, 그 순간 귀속된 조직의 눈총을 받아야 하고, 이어질 관습에 익숙해진 이들의 개선을 위한 '왜?'의 당위성을 설명해야 하는 귀찮은 과정을 거쳐야 하는 것이다.

그 귀찮은 과정을 구태여 받아들이기도 어렵지만 조직원들에게서 번거로운 과정을 가져왔다는 이유로 '은따(은근한 따돌림)'를 견뎌 내야 하는 무리를 자처하고 싶지 않은 것이다. 이러한 현상은 기업조직 내지는 공조직에서 비일비재한 업무 처리 과정 중 볼 수 있는 '웃픈 상황'이다.

충분히 알면서도 '그러려니~' 하는 안일하고 무책임한 과정의 결과는 그들을 창의적이기보다는 편안한 업무의 안정을 선택하는 과정이기도 하지만, 조직에서 안주하고자 하는 안전에 대한 욕구의 움직임이 크게 반영된 것이다.

결국은 '왜?'라는 문제의식에서 오는 개선의 효율보다는 '현타의 효과적인 관습'이 더 그들의 속성에는 안정이라는 '품'이 되어 준다는 것이다.

우리는 지금 '왜?'라는 문제의식을 시도해 보려는 누군가의 빈곤한 시선의 영웅이 필요한 시대에 살고 있다. 우리에게는 빈곤한 영웅의 뒤에 숨어 있는 안일한 관습주의보다는, 현실적으로 필요하다면 진흙이 자신의 옷에 묻을지라도 진흙 속에 들어가는 영웅이 절실한 것이다.

'왜?'라는 문제의식은 곧 관심이고, 책임이고, 조직의 성장 촉진제이며 나아가 능력의 효율성이 발휘되는 필요한 것이기 때문이다. 불평이 있다는 것은 어쩌면 관심에서 출발하는 문제의식의 작은 '시작점'이다.

감정(感精) 청소

　연말을 알리는 크리스마스트리에 환하게 불이 밝혀지면서 도시의 호흡이 빨라지는 느낌이 저녁 영업 손님을 기다리는 상가의 움직임과 분주한 사람들의 걸음조차도 재촉한다. '연말'이라는 단어에서 오는 어감이 주는 개개인이 갖는 시간에 대한 부담도, 나이를 표기하는 '숫자가

바뀐다'는 무게감이기도 할 것이다.

시간의 흐름을 자연스레 언급한다는 것은 어쩌면 무엇인가를 했어야 한다는 조급함의 자극이기도 하고, 어쩌면 자신의 주변을 돌아보는 마음의 여유를 갖지 못한 '부족한 돌아봄'의 여운일 것이다.

한 해의 끝자락에서 정리해야 할 '감정의 찌꺼기'를 생각하는 사람도 적지 않을 것이라는 '사람 관계의 사실적인 경우'들이 참 많고, 사회 활동을 하다 보면 '관계의 감정'의 골들로 인해 적지 않은 조직력에 역기능이 발휘되는 경우도 있다. 활발한 SNS 활동을 하고 있는 내게 며칠 전, 교류를 하고 지내는 SNS 친구의 게시물을 읽는 순간 가슴에 '팍~' 하고 꽂히는 내용이 있었다.

"시간이 갈수록 멀어진 인연, 더 늦기 전에 찾아가세요."

짧은 한마디에서 품어져 나오는 회초리 같은 언어의 온도가 너무 강렬했기 때문이다. 그 글을 읽는 순간, 나는 혹시 가까운 사람들 중 사소한 감정으로 인해 거리가 멀어졌거나 소원해진 사람이 있나 나도 모르게 생각해 보게 하는 힘이 내 속내를 재촉했다.

누군가를 겨냥해 한 말일 수도, 아닐 수도 있겠지만, 그 내용인즉 '더 늦으면 시간이 기다려 주지 않을 수 있다'는 또 하나의 회초리가 되어 자신을 낮추어 되돌아보는 자기 성찰을 하게 했다. 만약, 그 글을 한 해를 마무리하는 연말이 아닌 다른 시기에 읽었다면 과연 그런 자기 성찰의 계기가 되었을까? 그건 연말이라는 시기적 분위기의 영향이 마음에 미친 무게였을 것이다.

그렇다면, '늦었다고 생각할 때가 가장 이른 것이다'라는 흔한 그 한마디를 계기로 바로 지금 자신의 감정 청소를 시작해야 한다. 이미 '늦어 버려서 안타까운 상황을 만나는 오류'보다는 바로 지금 묵은 감정의 청소를 실천에 옮겨 가벼운 마음으로 한 해의 마무리를 준비해야 한다.

자칫 머뭇거리다가 기회를 놓쳐 버려 관계의 값진 시너지(Synergy)를 자연스레 흘려보낼 아찔한 앞날이 기다리고 있을 수도 있는 우려를, 나이에서 오는 숫자의 표기에 무게감을 덜어 내는 과정으로 당당하게 나이에 맞서는 용기를 갖추어야 한다. 자, 이제 용기를 내어 주변의 케케

묵은 '감정 찌꺼기'들을 청소하고 한 해의 끝자락에 자신에게 보낼 칭찬을 준비해 보자.

2022년이 끝나 가지만 2020년에 시작되었던 코로나는 종식되지 않았고, 아직도 몇 번의 고비가 남아 있을지는 모르겠지만 완벽하게 종식될 때까지 방심하지 않는 꾸준한 방역 관리가 필요할지도 모른다.

이제 '용감한 용감'을 맞으면서 불편한 마음으로 나이 숫자에 대한 시간의 재촉을 의연하게 맞는 용기를, '오색빛으로 빛나는 크리스마스의 트리'와 함께 태우는 '감정 청소'로 성장의 눈금을 움직이는 계기로 만들어야 한다.

진정한 친구

"진정한 친구란 어떤 친구입니까?"

이와 같은 질문을 받게 된다면 대다수 사람들의 공통적인 대답을 들을 수 있다. "나의 있는 그대로를 인정해 주는 친구"라고 자신 있게 하는 대답들을 들을 수 있다. 그렇다면 과연 진짜 진정한 친구는 잘못되고 있는 나이더라도 '나의 있는 그대로를 인정'이라는 단어 안에 가두어 그대로 봐 주는 친구일까?

"있는 그대로를 인정해 주는 친구는 정말 위험한 발상이다."

미국의 저명한 작가인 엔디 앤드루스는 자신의 베스트 셀러작인 『폰더 씨의 위대한 하루: 실천편』을 통해 말했다. 있는 그대로를 인정해 주는 건 나와는 아무런 관계가 없는 동네의 패스트푸드점의 점원이나 가능한 일이고, 진정한 친구는 나의 발전을 촉진해 주는 친구로 친구가 불편하더라도 '아니다'라고 말해 줄 수 있어야 한다고….

사람들은 여기서 말하는 '아니다'에 굉장한 부담을 갖는다. 괜한 말로 서로 불편하고 싶지 않아, 마음의 무게를 싣고 참견하지 않으려는 것이다. 어떤 사람들은 "내 일도 복잡한데 무슨 친구의 일까지 신경을 쓰느냐?"라며 일축하지만, 가까운 관계라는 건 서로에게 성장의 촉진을 할 수 있어야 하고, 또 자신의 성장을 위한 불편한 의견 정도는 귀담아듣는 여유가 있어야 한다.

그러나 사람들은 '아니다'라는 친구의 말을 그냥 그대로만 듣지는 않는다. "왜?" 하며 이유를 만들어 내기도 하고, 일단 아무리 도움이 되는 좋은 말이어도 남의 말에 귀를 기울이려 하지 않는다. 그것은 자신 안에 움직이는 열등감의 반응으로, 자신의 미흡함을 알고 있는 마음의

부딪힘으로 이미 평가된 '자격지심(自激之心)'이 먼저 나오기 때문인 것이다.

곧, 말을 해 주는 상대에게 이미 자신의 무지함을 들켜 버리게 되었기 때문에 경청의 과정이 편하지만은 않은 것이다. 물론 그렇다 하여, 무조건 친구의 말을 들어야 하고 친구의 훌륭한 인격에 '감 놔라 배 놔라' 식의 참견을 하는 것은 건강한 관계라 할 수 없다.

친구의 성장을 돕는 관계, 가까운 친구로 인해서 내가 성장함을 인정할 수 있다면 더할 나위 없이 건강한 정서이지만 우리 사회는 이미 개인주의 사고의 성장 과정에서 다른 사람의 좋은 말도 듣기만 하는 것이 편하지 않은 것이다.

최근에 공직에 계시는 지인과 대화 중 "'가까이 계시면서 얘길 좀 해 주지 그러셨어요.'라는 말에 '내가 알아서 할게요.'라고 해 버리면 딱히 할 말이 없더라."며 씁쓸하게 웃던 그분의 말이 바로 이런 경우가 아닐까 한다. '공익(公益)으로 향한 가까운 사람의 충언 안에 머물고 있는 진정성이 퇴색되는 순간이겠지.' 하는 허탈한 마음을 감출 수가 없었다.

또, 그런 경우가 한두 번 반복이 되면 사람들은 '얘길 해 봐야 아무 의미가 없다'는 마음과 '내 말에 귀를 기울이지 않는다'는 마음이 앞서 아예 시도조차 하지 않게 되기도 한다. 나와 관계가 없는 동네의 패스트푸드점의 점원의 있는 그대로의 인정은 알고 보면 내가 상대에게 존중받고 있지 않는 인정일 수 있다는 것이다.

사람과의 관계는 대화 시 경청을 통해 '인정'이라는 과정이 있어야만 존중은 따라오는 것이므로, 가까운 사람에게 듣는 말에 내 열등감이 움직일지라도 자신의 '자격지심(自激之心)'을 조금씩 잠재울 필요가 있다. 열등감이 전혀 없는 사람은 없기 때문에 그것을 나쁘다고 할 수는 없지만, 우리의 삶에 '경청'이라는 과정에서 얻는 '인정과 존중'으로 진정한 친구를 많이 둘 수 있도록 귀 기울임을 멀리하지 말아야 한다.

번아웃(Burn out)으로 갖는
'자아 성찰'

▶▶

　장년을 지나 주변에 활동하는 후배들이 많아졌다면, 문득 둘러보니 내 주변에 친구들보다는 후배들과 걷고 있는 자신을 발견하게 되는 포인트가 있다. 특히, 새로운 해가 시작되거나 자신이 상황에 지쳐 다 놓고 싶어지지만 그럴 수 없는 현실에 맞닥뜨릴 때 자신도 모르게 맞게

되는 번아웃(Burn out)이 바로 그런 발견의 시점이다.

　자신에게 예상치 않게 찾아온 번아웃(Burn out)은 "내 나이면 다들 주변을 정돈하고 후배들에게 도움을 주는 위치에 있어야 할 나이에 이게 뭔가?" 하는 자신의 저 깊은 내면의 열등감의 자극으로부터 오는 우울증을 단시간에 극복하기란 어려워진다.

　사람들의 성격부터 관계에 이르러 자신이 처한 다양한 상황들에서 오는 모든 것을 놓아 버리고 싶은 상황들이 비단 특정인에게만 오는 것은 아니다. 누구나 잠재돼 있는 사회적인 욕구, 또는 자존의 욕구가 움직이고 있는 한 피해 갈 수 없는 것으로, 심리적으로 자신을 낮추어 보게 되고 주변과 비교하게 되는 열등감인 것이다.

　주변의 비슷한 연령층과 비슷한 환경의 비교군에서 자신의 처지를 내려다보는 계기가 성장의 촉진인지 번아웃의 움직임인지를 가려내는 내면의 건강한 사고력(思考力)이 필요하다.

　이때 힘을 발휘하는 사고력의 건강함은 심한 번아웃 속에 허우적거리다가도 금방 자신감을 되찾게 되기도 하지만, 다수의 사회 활동을 하는 사람들은 심하게 되면 우울증까지도 경험하게 된다. 심리상담소를 운영하다 보니 적지 않은 이들의 사회적인 열등감을 간접적으로 경험하게 되고, 자신이 마주한 열등감으로 인해 포기를 선택하는 이들도 적지 않음을 알게 되었다.

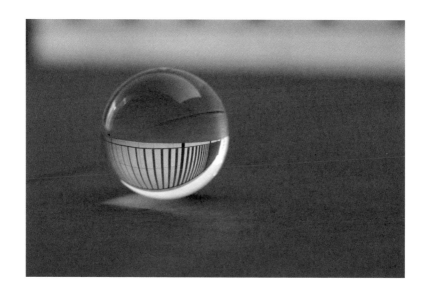

그러나 막상 상담을 진행하다 보면 이들이 겪는 열등감은 자기 스스로 내려다보는 성찰의 시간을 건너뛰어 현실적인 상황에서 탈피하기에 급급한 비겁함을 굳이 열등감이 아니라고 부정하면서 부단한 자신의 환경을 탓하는 경우가 상당하다는 것이다. 이러한 사람들의 우울증의 공통점은 내면 깊숙이 박힌 열등감과 마주하면서도 건강한 성찰로의 자신을 들여다보지 않는 나태함에서 남 탓을 하거나, 다른 핑계를 하는 경우가 많더라는 것이다.

어떤 사람들은 자신과 싸우는 열등감에서 벗어나기 위해 부단히 많은 공부를 하거나 하는 일에 몰두하면서 어떤 방법으로든 성공의 방향성을 두고 노력을 한다. 그런가 하면, 반대로 자신의 환경과 남을 탓하면서 달라지기 어려운, 성장을 염두에 두지 않은 비교군을 대상으로 한 상대적인 불만을 마치 사실인 양 말하는 이들도 있다.

어찌 모든 이가 모든 것을 다 잘하겠는가? 어떤 이는 학교 다닐 때 공부를 잘했지만 사회에서의 인정 수준은 아주 평범할 수 있고, 또 다른 이는 참 힘든 과정의 성장기를 통해 오히려 의외의 사회적 활동으로 많은 이들에게 주목받으며 존경까지 받는 평화로운 삶을 살 수도 있다.

아이러니하게도 주변의 평판은 아주 좋지만 개인적으로 관계의 거리가 좁혀져 지내다 보면 매사에 불만이 많고 열등감을 동반한 번아웃 상태의 생활을 반복하면서 습관처럼 불평불만을 토해 내는 사람을 만나볼 수 있다.

결국은 '자기 관리'인 것이다. 세상 어느 누구도 타인에게 인정과 존경을 받고 싶지 않은 자존과 사회적 욕구가 움직이는 않는 사람 없다. 그들의 공통점은 그 욕구의 열매를 위해 매 순간 부단한 노력으로 자신의 주변에 허점을 노출시키지 않는 자기 관리를 하고 있다는 것이다.

나는 과연 잘 살고 있는 것인가? 나의 현주소는 어떠한가? 내가 입고 있는 옷이 계절에 맞지 않다면 계절에 맞는 옷을 입기 위한 어떤 행동인가는 해야 하지 않을까? 그런 열등감으로 시작된 심리적 번아웃(Burnout)이 들키지 않게 자신에게 가까이 온 적이 있다면, 한 번쯤 자신을 점검하며 주변에 자신의 모습이 어떻게 보이는지 자아 성찰을 해보길 바란다.

사회적인 성격과
내적 성격 사이

　사회생활을 하면서 사람들과 교류하다 보면 내 생각대로 상황이 흘러가지 않을 때 유독 '욱~'의 조절이 어려운 사람들이 있다. 그와 같은 동일한 특징을 보이는 사람들의 상당수가 자존감이 낮고, 혼자서 어떤 일을 추진하고 결정하는 결정력 또한 낮음도 알 수 있다.

　사람들은 성인이 되기 전부터 자아가 발달하는 유아기부터 스스로
결정을 하는 연습이 필요하게 된다. 그 결정이 옳은 결정인가를 자신을
양육하는 어머니나 보호자에게 묻고 확인하면서 사람 관계의 무의식적
인 방법을 터득하며 배워 가게 된다.

　유아기에는 원하는 대로 되지 않으면 '앙~' 하고 울음을 터트리고 주
변의 반응을 보면서 스스로 터득한 다음 행동이 결정된다. 비슷한 아동
기를 지나 청소년기에는 신체적인 발육과 함께 형성되는 자아는 자신
이 소속된 그룹(가정, 학교 등)의 성향에 따라 주변 환경의 영향을 받으
며 성인이 되어서 행동하게 될 성격이 결정되기도 한다.

　그렇게 사람의 성격은 타고난 '성격의 밭'에 후천적인 환경에 의해

반응하는 것을 배우면서 겉으로 드러나는 성격과 내적으로 감정이 지배되는 진짜 성격이 형성된다. 사람들은 겉으로 드러나는 것에 단정적으로 표현을 하게 되고 결정적인 이미지의 프레임으로 성격을 구분하지만, 진짜 중요한 것은 내적으로 지배되는 감정이 포함된 진짜 성격이다.

사람에 따라서는 그 '진짜 성격'을 외적으로 드러내 사용하는 사람도 있지만, 많은 사람들은 '사회 반응형 성격'을 쓰기 때문에 각자가 갖는 스트레스나 애환을 모르기 쉽다. 그래서 많은 사람들이 갑자기 주변에 생각지 못한 사고가 생기고 나면 외적으로 보이는 성격으로만 판단해서 "그 사람이 그럴 줄은 몰랐다." 또는 "자기가 뭐가 답답하다고⋯." 등의 표현들을 하게 되는 것이다.

여기에서 중요한 것은 누구나 사람들은 좋은 사람으로 평가되고 싶어 하지만, '외적 성격'과 '내적 성격'을 잘 알지 못하므로 대다수가 외적으로 보이는 평가를 하기 때문에 진짜 그 사람이 좋은 사람인지 나쁜 사람인지는 사실 판단이 어렵다는 것이다.

그렇다고 해서 자신의 '욱~'을 자주 노출하는 사람이 나쁜 사람인 것도 아니고, 약한 사람인 것도 아니다. 그 '욱~'은 성장기에 스스로 하는 것에 대한 자립 환경 형성이 되지 않다 보니 연습의 기회가 없었던 것이고, 성인이 되면서 동무들의 자립을 따라 하고 싶지만 생각처럼 되지 않아 그다음 단계를 견뎌 내는 인내심이 성장하지 못한 것이다.

사실 그 '인내의 단계'를 건너면 아무것도 아닌 자립 과정인데, 그 마음대로 되지 않는 결과 다음의 '인내 단계'를 건강하게 견뎌 내는 연습이 부족해 선뜻 행동하지 못하는 것이다. 그로 인해 자신에 대한 스스로의 신뢰가 형성되지 않아 용기가 없고, 독립적인 의욕이 없어 내적 감정은 불평으로 흘러 충동적인 '욱~'에 움직이다 보니 자존감이 낮아질 수밖에 없는 것이다.

사람들이 갖는 좋은 사람의 프레임은 의외로 간단하다. '내적 성격'을 최대한 아끼고 사회적인 '외적 성격'을 최대한 활용하면 된다. 그렇게 된다면, 간단히 말해 진정성 없는 인간관계가 될 수밖에 없고, 자신의 활동 범주에서 누군가와 대화를 하더라도 이상하게 "저 사람과는 소통이 어렵다"는 이미지로 보일 수 있다. 그러므로 사람과 사람 관계에서는 적절한 성격의 조율을 통해 적절한 관계의 건강도를 지킬 필요가 있다.

굳이 사람 관계에서 자신의 자격지심(自激之心)을 드러내 '내적 감정 충동'으로 인한 이미지를 흐리지 말아야 한다. 건강한 인간관계는 건강한 감정과 건강한 방법으로 좋은 사람 프레임을 자연스레 형성시킨다.

즉흥적(卽興的) 사고(思考)와
임기응변(臨機應變)

▶▶

　최근 가볍게 알고 지내던, 이름만 들어도 아는 유명인의 재혼 생활 이야기가 한 방송을 통해 방영됐다. 이 방송에서 가장 두드러지게 비춰졌던 부분이 남편의 '즉흥적 사고 발휘'다. 이 즉흥적 사고 발휘가 방대하게 열린 유튜브(Youtube) 채널에 오르내리면서 문제적 우려가 난무해

진 사례가 있었다.

그분의 연령에 비해 연애 기간이라는 표현이 어색할 정도로 일주일여의 짧은 시간 후 결혼을 결정하게 됐다는 커플이라 알아 가는 시간이 아마 결혼 생활이었을 이분들의 신혼 기간은 매번 서로 부딪히는 사고(思考)의 움직임 생활이 아닐 수 없었다.

여행 갈 때도 여성분의 성격은 차분하게 미리 준비하는 안전의 욕구가 크고, 남편은 즉흥적인 성격으로 뭐든 맞닥트리면 해내는 성격이다 보니 "미리 준비하는 아내의 요구가 자신을 귀찮게 한다."는 대응으로 방송에 비춰질 때, 시청자들의 많은 관심이 쏠려 이슈를 불러내기에 충분했다.

아내의 입장에서는 "뭐든 즉흥적으로 하는 게 맘에 들지 않는다."라는 말을 하게 되는데, 그 부분이 많은 유튜버들의 부풀린 뉴스거리가 된 데다 남편은 "그때그때 하면 되지, 뭘 벌어지지도 않은 일에 귀찮게 미리 그러냐?"는 식인 것이다.

사안에 따라서는 즉흥적인 사고를 발휘해야 하는 일도 있지만, 일반적으로 외국 여행을 준비하는 과정에서의 방송이었기 때문에 상황의 문제보다는 준비성의 문제로 "뭐든 즉흥적으로 하는 것이 마음에 들지 않는다."라는 말이 나오게 되었던 것이다. 그런데 필요 이상의 사실이 부풀려지는 유튜브 운영자들에게 먹잇감 던지는 듯한 난무한 내용들로 인해 부부의 치명적인 향방까지도 언급되고 있었던 것이다.

어떤 일이든 즉흥적으로 대응하는 이들의 성격을 보게 되면, 다음 전개에서 자연적으로 비굴한 상황이 비춰질 수밖에 없다. 부족한 부분에 '변명'을 해야 하고 상대방은 금세 '핑계'라는 것을 알아차리기 때문에.

사안에 따라 미리 준비해야 하는 경우도 있지만, 즉흥적으로 대응해야 하는 경우도 있다. 예기치 못한 사고라든가 우연히 발생한 일에 빠른 대처가 필요할 때는 순간의 임기응변을 발휘해야 하기 때문이다. 그래서 차분하게 미리 준비해야 하는 일은 반드시 구분된다.

주변에서 보면 사전에 준비하지 않은 사람들의 경우 대충 처리하게 되고 성의 없이 준비되지 않은 처리를 하게 되면서 얻게 되는 평가는 자연스레 자신의 몫이 됨을 알 수 있다. 그런데 아이러니하게도 그렇게 준비 없이 즉흥적으로 처리하는 이들의 공통점을 보면, 하나같이 자신의 처리 결과나 평가에 순응하기 보다는 불만을 갖거나 서운해한다는 점이다.

반면, 평소 일을 사전에 준비하고 성의 있게 처리하는 사람들의 경우 대부분 자신의 준비에 미치지 못한 평가를 받게 되더라도 대부분 자신의 부족함을 인정하고 다음 기회엔 더 준비를 잘하려는 의지를 보인다. 그런데 놀라운 점은, 인간의 성격을 분석하는 공부를 하면서 자연스레 눈에 띄는 이 같은 사람들의 성향에 따른 반응이 태어날 때부터 이미 타고난다는 것이다.

사람 관계에서 누구나 자신에게 성의 없이 그리고 대충 즉흥적으로 대하는 것을 좋아하는 이는 없을 것이다. 그리고 내가 함께하는 조직에, 일에 그렇게 즉흥적으로 하길 바라는 사람은 없을 것이다. 누구나 소중한 존재로서 인정받고 싶듯 상대방에게도 그렇게 소중함의 대응 방식을 하면 되는 것이다. 내가 좋은 것은 상대방도 좋은 것이니까. 그리고 내게 성의 있게 했을 때 상대방에게도 성의를 다하고 싶어지는 것이니까….

그러고 보면, 즉흥적으로 일들을 처리하는 사고는 예기치 못하게 발생한 임기응변과는 상당한 차이가 있음을 우리는 알아야 한다.

'참견(參見)'과 '참여(參與)'의
'낄낄 빠빠'

언제부턴가 우리 사회에 '라떼족'이나 '낄낄 빠빠'라는 신조어가 사용되면서 당황스럽기도 하지만 의외의 공감을 소환하게 되는 순간들을 빈번히 마주하게 된다.

'낄낄 빠빠' 표현의 사례 중 가수지만 '다양한 예술적 재능'으로 화가로도 활동하고 있는 조영남 씨의 사례를 들 수 있다. 그가 지난 2021년, 전 부인인 윤여정 씨가 영화 〈미나리〉로 '한국인 최초 아카데미 연기상을 수상했다'는 소식을 듣고 한 발언이 화제가 됐었다.

"마치 내가 상을 탄 것처럼 전화가 쏟아진다. 정말 기쁘다는 것 외에 말을 할 수 있는 입장도 아니다."라면서 "윤여정 씨가 다른 남자를 안 사귄 것에 대해 한없이 기쁘다."라는 조영남 씨의 발언에 윤여정 씨는 '자신의 영예로운 수상에 숟가락을 얹는 듯한 발언이라며 반응했다'는 일화가 있었다.

두 번째 사례로는, 최근 지인이 임기(任期)가 보장된 직능단체 회장으로 선출돼 활동 중인데 "전임 회장의 월권행위로 인해 스트레스가 이만저만이 아니다."라고 한탄하며 "괜히 맡았다."며 '후회막급'이라고 한다.

사연인즉, 단체의 진행되는 사업 및 활동을 선임대표자가 의논이 아닌 보고를 해 주길 바라며 전임 시 경험하지 못한 활동이나 회의 진행 시 지나친 월권으로 인해 현임으로서 의욕이 상실되는 사례가 많다는 것이다. 심지어는 담당 유관·기관과의 역할에도 전 대표자가 개입되지 않으면 조직의 분위기를 조성시켜 활동하는 봉사자들의 적지 않은 볼멘소리를 감수해야 한다는 것이다.

한마디로 말해 임기를 마쳤으면 적당한 참여의 역할을 해 주면 좋을 텐데 지나치게 적극적인 활동과 간섭으로 조직원들의 활동 의욕을 저하시킨다는 것이다. 물론, 좋은 결과를 도출시키고자 하는 것은 알고 있지만 '적당히'라는 경계를 넘나드는 적극적인 개입은 오히려 조직의 활동에 방해가 된다는 것을 알아주었으면 좋겠다는 것이다.

지자체의 유관·기관장 및 직능단체장 활동을 하는 각 봉사단체에는 업무를 맡아보는 기간인 임기가 규정돼 있다. 임기를 마치게 되면 자연스레 전임자로서 단체의 기능과 공익의 긍정적 방향으로의 첨언은 필요하고, 임기를 마친 직분을 내려놓고 후임자들과 함께 참여하는 모습은 참으로 보기 좋은 일이 아닐 수 없다.

그러나 첨언이 '사적인 감정'이나 '관계의 개입'은 '참여의 아름다운 모습'을 연출하기보다는 임기 마친 전임자로서의 위치를 낮추는 쓸데없는 '참견러'의 모습을 보여 주게 되면서 해당 단체의 운영 분위기에 위해(危害)를 야기하는 것은 지자체의 비일비재한 사례들이다.

위의 '낄낄 빠빠'의 사례들을 살펴보았을 때, 지자체의 유관·기관들과 넓혀서는 직능단체들의 얼굴격인 적임자들의 임기 동안의 활동들과 임기 후의 뒷모습에서 오는 역할에 대한 사명감을 유익한 영향력을 발휘하는 사람들도 많지만, 역기능이 발현되는 사례들도 적지 않음을 알수 있다.

이는 '적당히'라는 표현의 '낄 때 끼고 빠질 때 빠져야 하는' 지자체의 유관·기관과 직능단체들의 활동에 대해 '낄낄 빠빠'의 재치 있는 현명한 처사가 필요함을 시사한다. 젊은 사람들의 표현에서 듣는 신조어가 빛나는 순간으로, 어느 조직이든 변화와 봉사자들의 순수함이 활동으로 발현되었을 때 촉진도 이루어지는 법이니까…. 그리고 보면 '낄낄 빠빠'는 참 공감 가는 신조어다.

우리는 '그렇구나'의 감정(여유)을 써야 한다

자세히 보아야 예쁘다

오래 보아야 사랑스럽다

너도 그렇다

나태주 시인의 글감을 보면서 오글거리는 이 표현에 한마디로 말해 가슴 안에 조용히 번져 오는 사랑을 느낄 수 있었다. 이때 누군가를 사랑하고 있었다면 아마 적절히 이름을 넣어 인용을 서슴지 않을 만큼 '확 당기기'에 충분한 힘이 있는 문장이었다.

어쩌면 막 불타오르는 '남녀의 사랑'이라거나 '눈에 넣어도 아프지 않을 자녀'를 보는 사랑스런 눈빛이 오글거리지만, 한 번쯤은 이렇게 아름다운 표현의 글을 쓰신 분이 어떤 분일까 하는 마음에서 나태주 시인을 만나 보고 싶어 하는 이들도 적지 않았을 것이다. 내가 그랬던 것처럼….

막상 브라운관을 통해 보던 분을 직접 만나 보니 소박하지만 글감에서 만큼은 '표현 부자'인 자신의 가치 기준에 따라 사소한 것에 그리 큰 의미를 두지도, 그렇다고 가볍게만 여기지도 않는 여유, 평소 서두르지도 그렇다고 너무 느리지도 않은 적당한 유격을 두며 생활하신다는 것을 강연을 통해 알 수 있었다.

한마디로 말해 '여유'. 흐르는 것을 그리 막으려 애쓰지도, 그렇다고 많이 흘려보내려 하지도 않는 '그렇구나~'의 여유가 할아버지 시인 나태주 님의 오글거리지만 마음을 여는 풍성한 글감들의 근원임을 조금이나마 알 수 있었다.

최근, 몇 년 동안 재미를 붙여 가며 일기를 쓰듯 열심히 하던 개인

SNS(Social Networking Service) 활동에 조금은 권태를 느끼는 계기가 있었다. 지인의 게시물에 조심스러운 댓글을 썼다가 나와 다른 생각을 가진 이로부터 개념 없는 공격성의 댓글을 보게 되면서였다.

그런 유형의 일들에 크게 마음을 쏟는 성격이 아니어서 다행이지만 어쩌면 '누군가는 저런 성격의 글에 큰 상처를 입거나 다툼이 일기도 하겠구나.' 하는 생각이 들어 씁쓸한 마음이 남았다. 그러나 어쩌면 그분 역시도 어디에 쏟아 낼 곳이 없어 그렇게나마 공격적이라는 생각보다는 자신만의 기준에 맞추어진 의견 발휘를 했는지도 모르겠다는 생각이 들면서, 이름만 알고 얼굴은 모르는 그가 한없이 가여워졌다.

분명 그가 가진 정당성이겠지만, 주변 사람들로부터 인정받지 못하는 정치적 이념까지 보태어진 방향, 정해진 독설에 가까운 댓글로 또 누군가의 잣대에 의해 그려질 그림이 서둘러 그려져서 '지역성'이라 치부하기엔 애매모호했다.

누군가는 그의 독설을 듣고 자신이 나서서 하지 못하는 독설을 여기저기에 분별력 없이 쏟아 내는 그에게 '시원하다'며 대리만족할 이들도 존재하리라. 그러나 분명히 '방향 된 공익성'의 역할이 아니라면, 그들만의 리그전처럼 그 무리 안에서 누군가를 만족시켜 가며 자신의 이미지 안위는 돌보지 않고 대리만족의 영웅이 되어 자신의 그림을 글에서 느껴지는 대로 그려지게 할 필요는 없지 않을까?

그런 독설에서 느껴지는 그만의 정서가 '옳다' 혹은 '그르다'의 흑백논리보다는 나와는 다른 생각이 아주 일반적이지만 않다면 우리는 '그렇구나~'의 감정을 사용해야 한다.

나태주 님의 정(情) 돋는 글감들에서 솟아오는 감정과는 완전히 다른 색깔의 감정 여유를 사용하느냐, 사용하지 않느냐가 만드는 글감에서 느껴지는 성향을 감히 비유해 봤다. 어른들의 말씀처럼 "어찌 사람이 같을 수가 있겠는가?" 하는 '가볍지만 큰 공감'을 부르는 이 문장에 힘이 크게 실리는 경험이다.

우울증 전성시대

　최근 우리나라의 자살률이 세계 1위라는 사실을 누구나 다 알고 있을 것이다. 그뿐인가? 경제 위기가 심해지면서 생활이 어려운 사람들과 현실과의 사투에서 헤매는 이들의 자살, 그리고 가정불화로 빚어지는 이혼 등의 충동적 행동이 우리를 긴장하게 한다.

이로 인해 주변과 모든 사회가 우울하다. 혼자 감당하기 어려운 스트레스에 노출된 우리나라는 수년간 자살률이 급격히 증가하고 우울증이 원인으로 거론되면서 사람들은 조금만 어려운 일이 생기면 '우울증에 걸린 것만 같다'며 너무나도 쉽게 이야기하곤 한다.

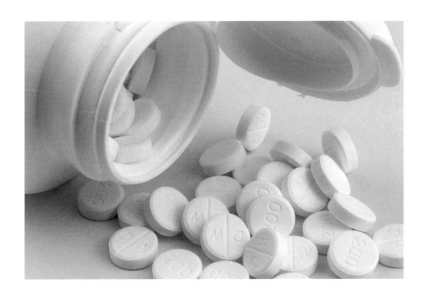

우울증은 여러 가지 현상으로 나타날 수 있고, 그 원인도 다양하다. 주요 우울장애는 무기력함, 우울한 기분, 이에 따른 자살 사고가 빈번해 전문적 치료가 필수적이다. 극심한 스트레스로 의해 갑자기 시작된 울적함이 짜증도 났다가 무기력해지다가를 반복하다가 스스로 극복할 수 있는 반응성 우울증상도 있다.

똑같은 증상이어도 우울의 정도와 우울이 시작된 원인에 따라 처방이 다른데, 사람들은 우울증에 대해 너무 주관적인 해석을 내려 제대로 대처하지 못하는 경우도 많다. 문제는 우울증이란 말을 남용하면서 그것이 얼마나 고통스러운 것인지, 우울증을 극복하기 위해 얼마나 많은 노력을 기울여야 하는지를 간과하는 현실이다.

이렇게 주변에 쉽게 만날 수 있는 우울증은 누구나 힘들면 걸리고 혼자서 극복할 수 있다는 식의 가벼이 여기는 사례가 점점 늘고 있다. 그러면서 누구나 우울증에 빠지게 하는 환경적 요인이 있다는 것도 아무렇지 않게 생각한다.

수많은 연구 사례 및 논문에서 밝힌 우울증 유발 요인은 사회적 고립과 심각한 상실 상황이다. 우리가 사랑하는 사람을 잃게 되거나 계획되지 않은 주변의 변화로 정서적 고통을 겪는 것은 외로운 심리상태에서 일어나는 상실로 인한 우울증이다. 이 같은 상태가 계속 지속되고 우울감이 회복되지 않으면 전문적인 상담센터나 심리 치료를 꼭 권장한다.

우리나라의 우울증은 최근 불안정한 경제 상황 이후 증가하고 있다. 특별한 원인으로의 경제난 극복뿐 아니라 자신의 상실과 정서적 고립으로 인한 마음의 상처를 어루만지는 일이기도 하다. 실직이나 빈곤이 소수에게만 국한되어 사회에서 외면받는다면 우울증을 극복하지 못하고 고통을 이기지 못해 극단적인 선택을 하는 이들의 숫자가 늘어날 것이다.

우리 사회 구성원으로서 가장 가까운 관심이 있을 때 한없이 나약해져 있는 인류 역사의 어느 순간도 전쟁, 빈곤, 질병의 고통으로부터 자유롭지는 않다. 지금의 경제위기 역시 시간이 흘러야 극복될 것이며, 그동안의 상실과 고립으로 인한 정신적 고통으로부터 우리는 살아남아야만 한다.

설령 이러한 현상이 내 일이 아니니 다행이라며 가벼이 여길 일은 아니다. 우울한 환경의 동료에게 따스한 온기를 전하는 것이야말로 바로 우리나라의 자살률을 낮추고 언제 내게 다가올지 모를 우울감을 멀리하는 방법인 것이다.

그들에게 실질적 도움과 정신적 문제를 극복할 수 있는 사회 복지제도를 구성하는 일도 필요하지만, 전과 달리 타인들과의 유대감이 느슨해지고 경쟁과 물질적 성공을 지나치게 강조하는 사회 분위기가 위기 상황에서 상실과 고립을 더 심화시키기도 하다. 결국은 조그만 스트레스에도 우울증에 빠져 극단적인 행동을 선택하게 되는 것이다.

이런 상황을 극복하는 길은 나 아닌 이웃의 고통에 관심을 갖고 어루만지는 우리의 행동에 달려 있다. 그리고 타인의 일이 아닌 우리의 일임을 마음으로 느껴 이웃의 고통을 나누고, 필요한 경우 전문적인 도움을 받도록 이끌어 주는 적극적인 관심이 필요할 것이다.

마스크에 가려진 어른들의 표정
'코로나19' 시대

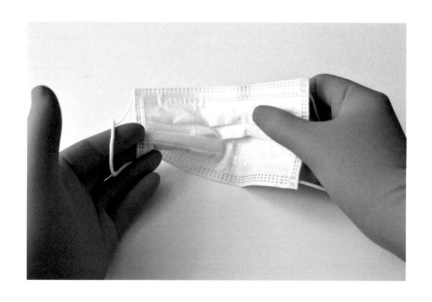

지자체의 비대면(Zoom) 수업, 필요한가, 불필요한가?

코로나19로 인해 활동이 확연히 줄어든 어른들의 '마스크에 가려진 표정'들이 어둡다. 코로나19가 공격하기 전, 어른들께서는 문화센터에서 노래와 악기 등을 배우며 벗을 사귀고, 이들과 만나는 시간을 낙으로 삼아 왔다.

하지만 지금은 집합 금지 명령으로 인해 벗들과 즐거운 시간도, 배움의 기회도 대폭 줄어들었다. 일주일에 한두 번 만나는 벗들과의 교우(交友)의 시간이 매주 기다려지는 낙(樂)의 시간이었다면, 지금은 그 낙(樂)이 없어진 셈이다.

"갈 데가 없어."
"너무 답답해."

지역에서 만나게 되는 어른들의 한탄 섞인 넋두리다.

"잘 보이지도 않은데 그 작은 핸드폰으로 영상 수업을 보는데 도대체 모르겠어. 차라리 유튜브 한 번씩 보는 게 낫지, 원."

이렇게 덧붙이신다.

각 지방자치 단체마다 주민들의 삶의 질 향상과 문화 충족을 위해 많은 인력과 시설들을 투자해 문화센터를 운영하고 있다. 코로나19가 창궐한 지난해 1월 22일 이후 시설에 따라서는 운영을 중단하거나 비대면(Zoom) 수업으로 대체해 운영하고 있다.

이곳에서는 지자체의 지원으로 취미 또는 자기 계발을 위한 다양한 문화 프로그램(요가, 댄스, 악기, 서예, 노래교실 등)이 진행된다. 이런 문화센터가 주민들을 위한 시설이기도 하지만 한편으로는 구직에도 도움을 준다. 또는 집합 금지 대상 업종인 강사들의 일부에게는 작은 희망의 역할이 되어 주기도 한다.

일부는 수강생들로부터 실비 정도의 회비를 받기도 하지만, 대부분 지자체의 지원을 받아 운영된다. 하지만 코로나19 이후에는 수강생들의 요구와는 별도로 비대면 수업이 가능한 수업들로만 채워졌다. 때문에 이에 충족하지 못하는 수강생들의 작은 언성도 들린다.

지자체의 문화센터에서 비대면 수업을 받는 한 수강생은 "사실 Zoom 수업이 너무 불편하지만 그동안 수업을 받아 온 강사의 신청자가 몇 명이어야만 개강을 할 수 있으니 등록해 달라."는 반강제성 부탁을 받아 등록은 했지만 사실상 수업은 큰 의미가 없다고 말하기도 한다.

또 다른 수강생은 "유튜브만 보면 누구나 다 아는 내용인데 굳이 수강료를 내고 등록해서 잘 보이지도 않는 걸 눈만 아프게 보고 있다."고 불만을 토로하기도 한다.

차라리 비대면 수업으로 운영할 거라면 지역 주민 모두가 자율적으로 참여할 수 있도록 무료로 운영하는 것이 맞지 않느냐는 주문도 있다. 수강생들의 요구와 실용적인 부분이 충족되지 못할 거라면 실비 등

록보다 주민들이 편안하게 참여할 수 있는 무료 운영이어야 한다는 의견이다.

그렇다고 이런 불만과 불편을 표출하고 싶지만 대놓고 털어 낼 수도 없다. 혹여나 기관이나 해당 강사들로부터 불이익(차별)을 받게 되지 않을까 하는 조심스러움 때문이다.

최소한 지자체에서 주민들을 위해 운영하는 문화센터라면 대상인 주민의 의견을 반영해야 한다고 본다. 코로나19 이전의 수업 시 봐 왔던 의리로 인해 프로그램에 제대로 참여하지도 못하면서 등록하는 '마음 불편함'보다는 자율 참여 분위기 조성도 중요해 보인다. 그것이 코로나19 종식 후 운영에도 훈훈한 평가와 함께 주민들을 위한 필수 시설이 되지 않을까 하는 생각이다. 코로나19 종식 후에도 운영될 지역 주민들을 위한 필수 기관이라면 말이다.

안전 불감증 팬데믹(Pandemic) 시대일 수도

　음력 설날을 앞두고 연일 TV나 SNS에는 코로나로 인해 자유롭지 못한 명절을 지내야 하는 불만과 만나지 못하는 아쉬움들로 가득하다. 팬데믹(Pandemic) 시대의 명절은 당국의 거의 강제성에 가까운 규정에 따라 '사회적 거리 두기'라는 명제 아래 모이지 않아야 하고, 만나지 않아

야 하고, 참아야 하는 규제들이 많아졌다.

그 규제들에 불만과 이번 설은 아쉽겠지만 더 이상 확산을 막기 위해 하나 된 국민성을 발휘해야 할 때이다. 매번 주말이나 기념해야 하는 날이 지나고 나면 늘어나는 확진자 숫자가 이젠 공포로 작용되기도 한다. 어쩌면 당국의 규제와는 거리가 먼 일부 사람들은 안전에 대한 불감증인 불감증 팬데믹(Pandemic)이 아닌가 하는 생각이 들기도 한다.

상황이 이렇다 보니 사회의 분위기나 쇼핑 문화에 많은 변화가 오기도 했다. 사람이 많은 곳을 가지 않으려는 의도적인 활동으로 집 안에서 장보기를 하는 경우가 많아지면서 외출에서 돌아오면 홈쇼핑으로 주문한 물건들이 현관 앞에 수북이 쌓여 있는 일이 많아졌다.

달라진 건 쇼핑 문화뿐만이 아닌 직업군의 종류에도 많은 변화가 동행되어 문득 집 앞에 쌓인 물건들의 배달서비스 기사님들의 직업 가치가 점점 언론에 보도되는 경우가 빈번해졌다. 배달원에게 고객 갑질로 함부로 대하는 등 개인 편의만 중시한 나머지 너무 지나친 요구들이 코로나와 싸우고 있는 이 시대에 기준을 넘어서 필요 이상으로 분출되고 있다.

그런가 하면, 1년 이상의 마스크와 함께한 생활이 아직도 익숙하지 않아 타인의 불편한 마음 따윈 염두에 없는 상식을 벗어난 일들을 자주 보게 된다. 아무리 자신의 안전을 우선시하는 시대라지만 기본만 잘 지켜도 코로나 확산은 막을 수 있다는 말처럼 '사회적 거리는 멀리, 마음의 거리는 가까이를' 생활에 옮겨 보자.

'우리의 안전을 위해 집 앞에 장 본 물건들을 옮겨 주는 직업군들이 없었다면? 그들이 우리의 위험을 감수해 주지 않았다면?' 하는 생각을 한 번쯤은 해 보는 최소한의 내 안의 양심을 들여다보자.

물론, 그 대신 돈을 벌지 않느냐는 반감의 소리도 있다. 그렇다면 그들이 감수하는 위험에 대한 위험수당을 한 번이라도 생각해 본 건지 묻고 싶다. 직업이어서 당연한 건 없다. 가장 중요한 건 나의 안전을 위해 감수하는 누군가에게 갖는 감사함은 최소한의 기본이라는 것이다.

우리는 늘 누군가가 대신해 주는 것으로 인해 자신이 소중하다고 생각하는 무엇인가를 소유할 수 있고 누릴 수 있다. 그런 만큼 그들의 직업 가치를 생각할 수 있기를 바라본다. 그래서 사람에게 기본이 되는 안전의 욕구가 나의 안전만이 아닌 안전 불감증의 팬데믹(Pandemic)을 극복할 수 있기를….

가정의 달 5월
'코로나 상황'이니 이번엔 안 갈게요

　유난히 햇볕이 좋은 날, 동네 산책을 하다 공원 벤치에 마스크를 한 채 멍하니 앉아 계시는 80대 어른을 만났다. 평소 인사를 하며 알고 지내던 어른이었다. 어른께서는 "도대체 세상이 왜 이러냐. 나 죽을 때까지 코로나가 끝날지 모르겠다."는 무거운 한숨을 토해 내신다. 그러시면서 묻지도 않은 당신의 "자녀들이 코로나 상황이니 어버이날 오지 않았다."는 말씀을 하셨다. 어른께서는 자녀들을 기다리시는 걸까?

"혹시, 가정의 달이 왜 5월일까 생각해 본 적이 있으신지요?"

5월은 가장 소중한 존재들이지만 '가까이 있다'는 이유로, 또는 '바쁘다'는 이유로 서로 챙기거나 관심을 갖지 못하고 소홀하게 되는 경우가 많다. 하지만 5월은 어버이날과 어린이날, 부부의 날 등 가정과 관계된 날이 많이 있는 가정의 달이다.

그러나 유독 가정의 달에 일어나고 있는 사건 사고들. 최근, 서울 한강공원에서 술을 마신 채 잠들었다 실종된 학생(22)이 실종 5일째인 30일 숨진 채 발견됐다는 뉴스를 보면서 "또 무슨 일이야?"라고 혼자 중

얼거렸지만 그 뉴스는 나를 TV 앞으로 잡아당겼다. '심증'은 있지만 '물증'이 없어 사건 해결의 진행이 더딘 진척도를 보면서 행여, 엄한 사람의 앞날에 장애물을 만들게 될 가능성도 생각해 보았다. 실종됐다가 변사체로 발견된 아들의 장례를 치르는 부모의 모습에 "하필 가정의 달에…." 읊조리듯 내뱉게 되는 한숨은 거부할 수 없는 현실이었다.

게다가 어린 자녀를 학대해 조사를 받는 인면수심(人面獸心)의 성숙하지 못한 부모들. 소파 방정환 선생이 '미래의 주역' 어린이들이 바르고 씩씩하게 자랄 수 있도록 꿈과 희망을 주고자 제정한 날인 어린이날. 「어린이날 선언문」에 '어린이가 배우고 즐겁게 놀 수 있는 가정과 사회 시설을 보장할 것'이라는 '아동 존중 사상'이 그들에게는 있기나한 걸까?

이럴 때 우리는 "그럴 거면서 왜 낳았느냐?"는 때늦은 말을 토해 내기도 한다. 말도 제대로 하지 못하는 어린 아기가 무슨 할 말이나 있었겠는가 말이다.

그렇게 2021년 '가정의 달'은 코로나로 인한 아쉬움과 연신 늘어 가는 소중한 사람들과 이별을 하는 가슴 아픈 사건 사고들로 상처를 내고 있다. 줄어들지 않는 코로나 확진자 수가 이제는 익숙해져 버린 생활 속에서 앞으로 코로나와 동행해야 하는 불안감도 멈추질 않는다.

햇볕 아래 공원 벤치에 나오신 80대 어른의 쓸쓸한 옆모습이 '답답한 마음'에 바람을 쐬러 나오셨는데, 오히려 마스크를 하고 나오시게 된 답답함이 고스란히 느껴져 왔다. 어른의 뒷말이 더 내 귀에 남아 있다. 코로나 전에도 특별하지도 않았으니 코로나 상황이라 안 온다고 해도 그리 서운할 것도 없다던 그 말씀.

"그래도 애들 낳아 키울 때가 참 좋았어."라시며 "중간에 사고도 없이 다 키워 출가시켰으니 다행이지 뭐냐?"는 말씀에 '당연한 것조차 감사가 되는 것'이 부모의 마음이라는 가르침이 고스란히 전해졌다. 80대의 어른은 그렇게 기대를 비워 내시고 '서운함보다는 자녀들의 무사'로 마음을 채우시며 코로나 시기라서 자녀들이 오지 않는 초라한 어버이날을 보내셨다고 한다.

'코로나'가 우리에게 가르쳐 준 것

때론, 뜻하지 않은 황당한 일들이 내게 벌어지는 경우가 생긴다. '코로나19'가 그랬다.

우연한 계기가 기회가 돼 상황이 행복(happy)하게 흘러가는 경우가 있고, 그렇게 되지 않았으면 하지만 의도와는 달리 원하지 않는 상황으로 치닫게 되는 상황을 만나게 되곤 한다. 그것을 우리는 운(運)이라 말한다. 사회에는 간혹 운칠기삼(運七技三: 살아가면서 일어나는 일의 성공과 패가 운인 것이지 노력에만 있는 것은 아니다)이라는 표현을 하기도 한다.

누구 한 사람이라도 코로나로 인해 경기 침체가 이리도 심해질 줄 예측이나 했겠는가? 누가 코로나로 인해 영세하던 특정 업체(마스크, 소독제 등)들이 성황을 이루리라 생각을 했었겠는가? 묘한 상황으로의 뜻하지 않은 호사(好事)를 누리게 되는 일이, 많은 사람들에게는 그 반대로 고통스러운 경기 침체의 아픔이 지자체를 넘어 내년에 있을 정치권의 차기 대선까지도 계속될 줄은 그 누구도 몰랐을 것이다.

어려울 때 상대의 마음을 알 수 있다고 했던가. '해결될 듯하다가 심해지고'를 반복하는 코로나 상황의 경기는 사람들이 체감하지 못하는 사이에 구렁이 담 넘어가듯 시장 물가가 오르고, 널뛰기하는 안정되지 않은 부동산 경기….

초점 잃은 소상인들의 눈빛은 이미 체념을 해 버린 듯하지만 그중에 자리가 채워진 주변의 일부 상가들을 괜히 왔다 갔다 하면서 부러운 마음을 달래는 모습도 눈에 띈다. 마음 무거운 소상공인들의 깊은 마음속엔 한 달 뒤에 다가올 민족 최대 명절인 '한가위는 또 어찌 보내나….' 하는 걱정들로 천근만근이다.

벌써부터 즐비해진 추석 선물들은 누가 정했는지 모를 갑을 관계에서의 을의 계산기를 두드리는 마음만 바빠졌다. 힘의 기울기가 정해진 사회의 보이지 않는 룰(규칙)은 또 이렇게 힘없는 이들의 뜨거운 한숨을 자아낸다.

'부정부패를 막겠다'는 정부의 강력한 의지가 담긴 김영란법은 2016년 시행되었지만, 과연 부정청탁 및 공직자들의 금품수수 금지 등 향응 제공 없는 사회를 위해 제정한 이 법이 차라리 일반인에게 적용돼 소위 말하는 '빽 없고 돈 없는' 이들의 삶에 적용되게 해야 하지 않을까 하는, 꿈도 꾸지 못할 생각을 해 본다. 특히나, 아무도 그 룰을 정하지 않았지만 힘없는 쪽이 사회적 약자가 돼 지금처럼 코로나로 힘든 상황에서 앞으로 벌어질 일을 대비해 '갑의 룰'을 가진 이들에게 명절 인사라는 명분으로 주고받는 명절 선물은 큰 부담으로 느껴질 것이다.

코로나가 우리에게 많은 것을 빼앗아 간 것도 많지만 우리에게 가르쳐 준 것도 있다고 감히 말해 본다. 불만을 토로하기만 하는 쪽이었다면 일부 국민은 '생각하는 국민'으로 '정책을 고민해 보고 방법을 제안해 보는 국민'으로 이끈 것은 아닌가 하는 생각이 들기도 한다.

살다 보면 우연하지 않게 맞닥뜨린 상황으로 '관심 갖고 고민하는 자신의 모습'을 발견하면서 우리는 성장을 하게 되는 것 같다. 코로나가 우리에게 준 것 중 하나, '어려울 때 알게 된다'는 상대의 마음을 읽었을 것이고, 또 극복해 나가는 자신의 처지에서의 또 다른 자신을 발견했을 것이다.

　부디, 자신의 힘든 상황에 기회가 돼 호사를 누리는 이를 부러워하기보다는 코로나 확진자 2천 명대에 금세 해결될 상황이 아니라면 코로나라는 수렁에서 살아가는 방법을 고민해 보고, 자신의 삶을 연구하는 성장의 계기로 전환시켜 보는 '마인드 컨트롤'을 할 수 있길 바라본다. 코로나가 우리에게 가르쳐 준 그것으로 채워 성장하는 기회로 재무장하는 계기가 되길….

②

가려운 곳

나는 사고(思考)가
개념적(概念的)인 사람인가?

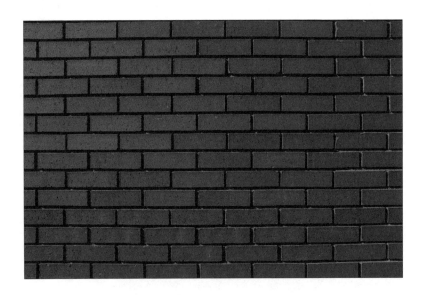

누구나 인간관계에서 유쾌하지 않은 경험을 하게 되면 유사한 사례가 발생하지 않도록 피하게 되거나 간혹 단절을 선택하게 된다. 괜히 어떤 일에 휘말려 감정 손해를 보고 싶지 않고, 심한 경우 생업의 부분적 지장이 초래되는 상황도 종종 발생되기 때문이기도 있고, 가장 큰

이유는 괜한 인간관계에 문제가 생겨 관련도 없는 사람들과 오히려 이미지가 흐려지는 일 때문인 것 같다.

며칠 전 관련 업종의 한 분과 업무 미팅을 하다 접하게 된 사연이 있다. 그가 앓고 있는 심리적 피해의식으로 인한 그의 사고(思考)가 자신이 타고난 성격, 그리고 자신의 감정 피해를 입은 것을 일반적이지 않은 이유를 들어 합리화하려는 '개념의 성장이 멈춘 듯한 대화'를 하고 난 뒤 내내 마음에 남는 일이 있었다.

흔한 말로 사람 말은 양쪽 말을 모두 들어 봐야 안다는 말이 있다. 그렇다고 하더라도 본인의 일이 아니기 때문에 잘 모르는 경우가 다반사이지만, 일반적으로 평소 가까이 지내거나 먼저 들은 사람의 말에 기울어지게 되는 경우가 대부분이다.

그건, 양쪽 말 중 한쪽의 말을 듣게 되면 원인의 중심에 있던 사람의 관점이나 이미지가 이미 생겨 버리는 선입견(先入見)의 작용 때문이리라. 또 그 대상이 평소 잘 알지 못하지만 어떤 이미지를 갖고 있었다면 오롯이 말을 전해 들은 사람의 선제된 감정에 의해 그런 사람으로 이미지는 고착화되기 십상이다.

조금 다른 사례지만, 최근 모 방송의 오디션 프로그램을 통해 대형스타가 된 A군의 사례를 보면 모 중소기업과 관련해 너무 많은 비난을 받고 있었다. 그러나 이미 그에게 마음을 빼앗긴 팬들은 오히려 그를 감싸게 되면서 많은 프로그램 등에서 그의 출연이 있을 때마다 혹시 모를 부정적인 이야기들을 막으려는 다수 대중(팬)들의 움직임이 포착됐다. 그 잘못을 모르겠고, '우린 그를 좋아할 뿐'이라는 건강하지 못한 팬심으로의 활동인 것이다.

아무리 인기가 많아도 대중문화의 중심에서 활동을 할 대상이라면 우리 대중에게는 그에 대한 칭찬도 질타도 받아들이는 자세가 필요한 것이다. 무조건 편을 드는 개념을 제쳐 둔 팬심보다는 일반적인 사고력을 발휘해 내가 지지하는 공인이 잘 성장할 수 있도록 질 좋은 양분의 응원을 보내야 한다는 것이다.

물론 이는 대중문화를 송출하는 TV 방송이 시청률에만 연연한 방송을 내보낸 탓일 것이다. 도덕성이나 개념을 버린 사고들로 문제가 많은 벼락스타도 팬덤만 보장되면 시청률을 보장받을 수 있는 이유로 방영을 해 버리는 방송국의 사정들 때문에 일부 대중문화인의 개념 있는 도덕성을 기대하기는 어렵게 되어 버린다.

이 비유는 지방 정치인들에게도 마찬가지다. 내가 지지하는 지역의 정치인 또는 내가 지지하는 정당의 선출자에 대한 무조건적이고 막연한 지지 응원보다는 질서가 동행된 소신 있는 의견을 소리 내어 주는 것이 개념 있는 지지가 아닐까 생각한다.

최소한 본인의 지지가 이왕이면 개념 있는 공익가치에 기여한다면

이처럼 큰 참여가 어디에 있겠는가? 그것이 어찌 보면 당연하게 목적된 지방자치제의 참여 의미이지 않을까 생각한다.

성인이라면 작은 이유만 보고 감정이 움직이는 실수를 하기보다는 자신의 삶 속에 배어든 "나는 사고(思考)가 개념적(槪念的)인 사람인가?"를 자주 점검하는 '생각의 바름'이 깃들길 바라본다.

말단 공무원(公務員)은
재량이 없나요?

"저는 말단이라서 결정권이 없고요, 윗분들이 하지 말라는데…. 제가 어떻게 해 드릴 수가 없잖아요."

지난 3월 오미크론의 신규 감염자가 연일 50만 명을 넘어 60만 명을 웃도는 시기이지만 모든 행사 및 활동에 걸림돌(?) 역할이 됐던 '제20대 대통령 선거'가 끝나고 지역의 크고 작은 민간단체 및 직능단체들의 활동이 기지개를 펼 준비를 하던 때이다.

바야흐로 평년보다 길었던 꽃샘추위도 조금 주춤하는 기미가 보이고, 시간에 충실한 봄 느낌이 움츠림을 걷어 내는 시기인지라 "도시가 너무 가라앉아 분위기를 조금 밝게 하면 좋겠다."는 의견들이 모아져 시민으로서 작은 소신 활동을 하고자 ○○시청에 문의를 했었다.

코로나19라는 명제 안에 최근 오미크론의 직격타로 어느 누구 할 것 없이 활동에 제약을 받을 수밖에 없는 현실적인 분위기에 그나마 각 직능단체 및 일반 시민들의 작은 퍼포먼스라도 눈치만 봐 오던 중이었기 때문이었다.

"이젠 대선도 끝났고, 코로나 때문에 도시 분위기도 가라앉았는데 슬슬 무엇인가를 시작해 줘야지 않겠냐?"는 일부 지역 언론들의 촉진과 함께 '누군가는 시작을 해 주어야 한다'는 사명감으로 ○○시청에 문의를 했던 것이었다. 그런 상황에서 "선생님, 지금 오미크론 때문에 난리인데 사람이 모이는 활동은 확진자가 늘어날 텐데 한 달만 더 미루면 안 될까요?"라는 담당 공무원의 대답은 참으로 착한 대답이었다.

이 시기 ○○시장님의 시민과의 대화가 릴레이로 하루에 두 차례씩 이어지고 있었고, ○○도시관광공사 주관의 공연 행사 등이 실내외에

서 이루어지고 있었기 때문에 야외에서의 도시 분위기 촉진을 위한 활동에는 큰 문제가 없을 것이라는 생각이 앞서기도 했던 판단에서 했던 문의였다.

첫 문의에서는 담당 공무원이 무슨 죄가 있겠나(?) 하는 마음에 "일주일 뒤 다시 문의 드리겠다. 어차피 4월 계획이니 재고해 달라."는 말로 일주일 뒤 다시 문의했는데, 담당 직원의 "결정권이 없다."는 대답에 '그렇다면 민원인이 결정권이 있는 윗분에게 문의를 해야 빠른 민원처리가 되는 것일까?'라는 의문이 생겼지만 그를 설득해 보기로 했다.

"오미크론 때문에 지금 너무 불안하다."는 대답이 시민으로서는 설득력도, 합리적이지도 않은 '궤변'이라는 생각에 담당 공무원에게 "왜 기관에서 하는 더 위험한 실내 행사는 추진하면서 야외에서의 시민 활동은 오미크론을 이유로 안 된다는 거냐?"는 항변에서 약 10차례 이상의 통화로 어쩔 수 없는 알았다는 답을 들었다.

국가 또는 지방 공공단체의 사무를 맡아 보는 사람이라 풀이되어 있는 이들 공무원(公務員)을 부정적인 시각으로 말할 생각은 없다. 다만, 직무에 따른 재량은 발휘할 수 있어야 담당자라고 할 수 있지 않을까 하는 생각이다.

조직사회에서 윗분과의 조화도 분명 필요하지만, 사회는 자신의 업무에 책임이라는 것을 배웠고, '재량'이라는 담당자의 '업무유격'이라는 과정도 능력임을 알아야 한다. 그것이 시민을 상대로 하는 업무일 경우 그 책임은 사명감과도 관계가 돼 경우에 따라 그 '사명감'은 공무원의 능력으로 평가, 공무원 조직의 인사에도 영향을 미치는 결과를 나타내기도 한다.

물론, 시민을 상대로 하는 민원 업무를 처리하다 보면 100%의 만족은 어렵지만 담당자로서 위험부담보다는 '필요'와 '불필요'의 판단으로 업무를 대하는 최소한의 사명감을 갖추는 것은 공무직이 아닌 다수의 사람들을 상대하는 업무자라면 필수 조건이다.

혹여, 이 글로 인해 담당자가 누구인지를 찾는 윗분이 계신다면 감히 첨언 드리고 싶다. 현실적인 문제를 알고 공무원이 직업이지만 공직뿐 아니라 어느 직종에서도 본인의 직무에 따른 사명감은 '담당자 재량엔 책임과 권리가 공존한다'는 것을 다시 한번 생각해 이제 시작하는 말단이라는 공무원들에게도 가르쳐야 한다고…. 이는 지나친 경쟁을 뚫고 누군가보다 앞서야 하는 개인주의를 지나 불편하지 않으려는 '책임지지 않으려는 이기주의'라는 생각에 안타까운 생각이 앞섰던 사례이다.

코로나로 인해 소상공인들과 시민들의 표정과 분위기가 너무 가라앉아 걱정이 앞서는 소신 활동들이 독려를 받지는 못하더라도, 시민을 위해 존재하는 시청의 승인 과정들은 왜 이렇게 참으로 어렵고 복잡한 과정으로 불편하기만 할까? 요즘 같은 시기에 기대하기 어려운 사명감이겠지만 결국 시민도, 공무원도, 시청도 ○○시라는 공통분모 안에 웃어야 한다는 것이다.

이른 지방분권에 따른 '협치(協治)'라는 이름의 '풀뿌리민주주의'

▶▶

'협치(協治)'라는 단어를 포털 검색으로 찾아보면 다음과 같이 풀이되어 있다.

지역 사회에서 국제 사회에 이르기까지 여러 공공 조직의 업무를 관리하기 위하여 정치·경제·행정적 권한을 행사하는 국정 관리 체계. 행정 서비스 공급 체계의 복합적 기능에 중점을 두는 포괄적인 개념.

'풀뿌리민주주의'라는 표현으로 새로이 출발한 각 지자체 직능단체들의 활동에는 왜 '풀뿌리민주주의 정신'이라는 표현이 자주 소환되는 걸까? 특히 2021년 새로이 출범한 주민자치회에서는 더욱 '풀뿌리민주주의' 정신으로 관(官)과 민(民)을 분리하려는 목소리가 커지고 있는 것 같다.

지방자치에 자주 표현되고 있는 '풀뿌리민주주의'는 지역의 주민이나 자치단체가 행정을 자주적으로 처리하는 자치제도를 기반으로 하는 정치제도를 말하는데 지역의 가장 큰 기여는 '관심의 참여', 즉 민주주의 국민으로서의 의무이자 권리인 투표에 해당한다.

그렇다면 과연 주민자치회가 설치되고 참여 주민 각자의 직접 참여가 현실적으로 이루어지고 있는가? 개개인이 모여 행사하는 영향력이 '풀뿌리민주주의'의 실생활과 직결되는 정책의 결정 참여 또는 자발적인 참여로 사회 전반적인 영향을 끼쳐 스스로 행복을 추구하도록 하고 있는가? 또는 구성원 스스로 참여와 실천을 능동적인 참여가 따르는가?

이런 시선으로 자치분권을 바라볼 때, 현시점에서 각 지자체의 '직능단체들의 정책에 대한 직접 결정과 참여'가 맞는 표현인지 우리는 생각해 볼 일이다. 파주시 17개 읍·면·동에 각 주민자치회의 설치가 끝

난 상황에서 참여자들의 '마인드'나 또는 담당하고 있는 공무원의 고착화된 '마인드'를 보았을 때, 관을 배제한 민의 정책 결정이 과연 이루어졌다고 볼 수 있을까?

조금은 건방진 이야기일지 모르겠지만, 2021년 주민자치회 설치 후 우리나라의 지방분권은 시기상조라는 말을 자주 하게 된다. 과연 우리나라의 지방자치제와 지방분권이 지방정부에 대폭 분산돼 있는 체제의 중앙집권과 상반되는 국가의 통치권과 행정권의 일부가 각 지방정부에 위임 또는 부여돼 주민이나 대표자의 의사와 책임 아래 행사하는 체제로 잘 이행되고 있는지를 검수해 볼 일이다.

중앙정부가 국가 사무와 권한을 각 지방정부에 위임해 중앙정부의 감독 아래 수행하도록 하는 행정적 분권인 위임 행정과 지방자치단체가 그 지방의 모든 행정사무를 고유사무로 인식하고 독자적인 입장에서 부여된 권한을 행사해 자주적으로 행정을 수행하는 자치적 분권의 자치행정이, 지방정부의 재정적 자립이 어려운 가운데 잘 이행될 것인가?

독일과 프랑스의 단체자치와 영국에서 발달한 주민자치의 행정이 우리나라와 맞을 것일까? 주민들의 사기와 창의성을 향상시키고, 애향심을 고취하는 장점을 갖고 있는 지방분권은 중앙집권에 비해, 지방의 특수성과 실정에 맞는 행정을 할 수 있는 것일까? 민주통제를 강화해 행정의 민주화를 실현할 수 있을까? '풀뿌리민주주의'가 국민 개개인에게 골고루 영향을 미치는 대중적인 민주주의라는 의미를, 참여 주민들이 잘 이해하고 있는 것인가? 고민해 볼 일이다.

풀을 뽑아 보면 잔뿌리가 많듯 지역의 자치분권이나 자치행정도 풀뿌리처럼 물과 양분을 흡수해서 식물이 잘 성장할 수 있게 해 주는 필수적인 존재처럼 지방자치제도도 풀뿌리화 되어야 할 것이다. 지역의 문제는 물론 주민들의 생활과 밀접한 문제에 이르기까지 영향을 미친다는 뜻이 내포된 주민자치제는 무리한 관(官)과 민(民)의 분리보다는 체계를 갖추어 현실적으로 점진적 자립을 돕는 자치회의 분리가 시급하다고 볼 수 있다.

말로만 '풀뿌리민주주의'가 아닌 '마음부터 참여'라는 시작이 자치행정의, 자치분권의 출발임을 먼저 알게 해 다른 나라가, 다른 지역이 해서 따라 하는 행정 분권이 아닌 지역에 절실하게 필요한 자치제도가 우선되어야 관도 주민도 진정한 협치(協治)가 이루어진다고 할 수 있을 것이다.

지역 문화예술인들에겐
'넘사벽'인 지역 문화행사

최근 각 SNS와 도시문화에 관심이 있는 ○○ 지역 시민들의 원성에 귀가 기울여지는 사례가 있다. 그보다 먼저, ○○시는 지난 5월 30일 **동에 김 모 씨의 전입을 기점으로 전국의 226개 기초지방단체 중 19번째로, 경기도 지자체 중에서는 13번째로 인구수 50만 명을 넘게 됐

다. 기존 원주민 20% 미만과 유입인구 80%의 비율은 수도권 도시로서의 명실상부한 기초 지방단체의 50만이라는 인구수의 대도시라는 위상이 서게 된 것이기도 하다.

'균형과 상생의 소통을 지속 가능하게 발전해 나가겠다'는 대도시의 포부와 2023년 12월 30일까지 인구수 50만이 유지되면 2024년부터는 그동안 경기도가 해 오던 도시계획 및 결정, 변경 등 약 25여 개 법률 약 120여 개의 권한 및 사무를 직접 처리를 할 수 있는 '지속 가능한 도시발전의 자치 권한이 대폭 확대된다.'는 ○○시의 미래 비전이 펼쳐지는 셈이다.

이번 민선 8기 시장 당선자는 "50만 ○○를 더 크게 만들겠다."는 포부를 밝힘과 함께 "시급한 현안이 많다."며 교통 문제 해결과 지역 균형 발전과 민생 회복을 꼽으면서 모든 분야에 소홀함이 없도록 하겠다는 다짐으로 인구 100만 준비위원회 구성을 발표했었다.

더불어, 시민 가까이에서 시민의 목소리로 시작되는 시정을 다짐했었지만, 인수위원회의 활동이 시작되는 시점에 ○○시도시관광공사가 준비 중인 전석 무료의 '○○시민 50만 기념 힐링 콘서트'가 문화행사에 관심이 많은 시민들로부터 원성을 사고 있다.

그동안 지역에서 소신 활동을 해 오며 '넘사벽'이 되어 버린 ○○시의 공식 행사에 명함조차 내밀지 못하는 지역의 배고픈 예술인들, 특히 대

중예술인들의 관심은 온통 시장 당선자가 발의한 모든 분야에 쏠리면서 기대가 높아질 수밖에 없었다. 도시문화는 도시경제와 밀접한 관계가 있음을 분명히 알고 지역에서 활동하는 각자의 활동 역량에 맞는 시정으로의 보살핌(?)의 바라봄이기도 할 것이다.

그동안 ㅇㅇ시의 문화행사들에 집행되었던 시 예산이 유명한 연예인들로 외부 예술인들에게 상당 부분 소비되었기 때문에 지역 내의 활동 예술인들에게 이미 지역의 큰 행사들은 '넘사벽'으로 씁쓸한 한숨이 될 수밖에 없었다. 그래 왔기에 모든 분야에 소홀하지 않겠다는 당선자의 발언은 지역 내 예술인들에게 기대가 될 수밖에 없는 것이다.

ㅇㅇ시도시관광공사 주관의 'ㅇㅇ시민 50만 기념 힐링 콘서트'는 ㅇ

○ 지역 활동 가수들의 철저한 배제 속에 기획돼 문화행사에 관심 있는 시민들 원성의 시발점이 됐다. 외부 초청 가수들로만 기획된 공연은 많은 시민들의 반발과 항의에 부딪혔고, 이에 주관처에서는 "이번에는 어쩔 수 없고 9월의 공연에서 지역 예술인들을 모시겠다."는 '다음에 보자'는 식의 대답으로 일관했다 한다.

이런 소식이 전해지자 '○○시의 잔치인 50만 도시를 축하하는 행사' 편성에 들어가지도 못한 지역 예술인들의 입장에서는 "오히려 그건 더 지역 예술인들의 자존감에 큰 스크래치를 내는 일"이라고 크게 반발하며 다음과 같이 꼬집었다.

"이번엔 별들의 잔치를 하고 9월엔 지역으로만 편성을 하겠다는 건

지역 예술인들을 별과는 다른 지역인들끼리만 만드는 행사로 구분, 주관처의 명분일 뿐 오히려 도시의 자존심마저 존중하지 않는 문화행사로 지역 문화 발전을 포기한 문화행정이다. ○○에서 막걸리 축제를 하면서 ○○막걸리만 빼고 엉뚱한 브랜드의 막걸리 상품들만을 구성한 것이나 다름없다."

더한 것은 이번 행사에 지원되는 6천만 원이라는 ○○시민들의 혈세로 기획한 공연은 지역의 문화예술인들뿐만 아니라 시민들까지도 외면한 행사인 것이다. 990여 석의 대공연장 힐링 콘서트는 ○○시민 50만을 기념하는 공연임에도 철저히 공연 현장에 오신 분만을 대상으로 공연을 관람할 수 있다는 조건과, 오시지 못하는 시민을 배려한 실시간 방송도 안 한다는 조건의 행사가 과연 시민들의 힐링 콘서트인 것인가?

출연자가 국내 거의 탑 수준인 이들로만 구성된 이 행사에 그들의 팬덤의 움직임은 이미 포착되었고, ○○시민이 공연장에 들어가 공연 혜택을 볼 수 있는 범위는 낮아질 수밖에 없어진 셈이다. 그렇다면 왜 우리 ○○시는 시민 50만을 자축하는 기념행사에 혈세의 주인인 시민들까지도 외면하면서 이해받지 못할 행사를 기획한 것일까?

왜 우리 ○○시의 문화예술에 지역 기여 활동의 예술인들은 빈번히 소외되는 것일까? 그것도 우리 도시의 50만 인구 자축 행사에 우리 도시의 얼굴들을 내세우지 못하는 이유가 어디에 있는 걸까? 왜 모두들

유명세가 있는 예술인들이 투입된 행사가 잘된 행사라는 평가를 받는
다는 생각을 갖는 걸까?

이 궁금증이 과연 풀릴지는 모르겠지만, 도시문화 발전을 포기한 것
이 아니라면 지역 활동 예술인들이 성장할 수 있는 기회를 만들어 주는
것도 지역이 해야 할 일…. 아무리 예술인들이 성장하고자 하는 포부가
있어도 이와 같은 문화 행정이 계속된다면 그들에게 거주 지역의 대형
문화행사는 '넘사벽'으로 남을 것이다.

해당 문화 행사의 문제의식을 SNS에 언급한 언론인의 댓글에 어느
시민은 유명한 연예인의 이름을 언급하며 "차라리 그 사람이 홍보대사
가 되면 더 홍보가 되지 않냐?"는 말을 했다. 그런데 과연 그 유명한 연

예인이 방송에 나가고 활동을 하면서 자신이 홍보대사인 도시를 얼마나 홍보할까 하는 생각이 앞섰다.

지자체 행사에서 역량별 예술인들의 선별 구성으로 지역의 무분별한 문화 질서를 잡아 주는 역할을 해야 하는 것도 필요하다고 생각한다. 어떤 이유가 이번과 같은 관심 있는 시민들을 분개하는 분위기로 가게 했는지는 모르겠지만, '9월에 지역 예술인들을 모시겠다'는 것은 '다음에 보자는 사람 별거 아니더라'의 시쳇말로 오히려 합리적이지도 않고 설득력도 없는 명분인 것이다.

○○시도시관광공사 주관의 '○○시민 50만 기념 힐링 콘서트' 전석 무료의 문화행사가 반갑지만은 않은 건 냉정하게 말해 그동안의 도시문화의 변화가 기대할 만한 발전으로 가지 못했다는 증거이기도 하다.

"시민의 가까이에서 시민의 목소리로 시작하겠다."고 다짐한 민선 8기 시장 당선자의 다짐대로 모든 분야에 소홀하지 않는 행보로 작은 걸림돌이 되지 않기를 바라본다.

'관심(關心)'과
'참여(參與)' 사이

▶▶

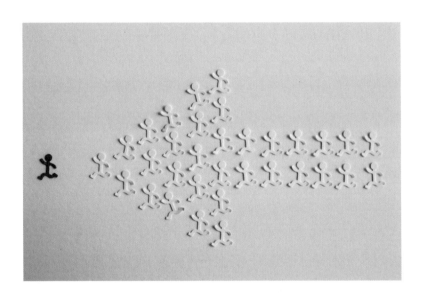

서두름을 가득 머금은 조석(朝夕) 기온이 가을을 재촉하는 시기. 지역지 오피니언 칼럼을 짧지 않은 시간 쓰고 있다 보니 자연스레 "도시의 이슈(issue)에 대해 어떻게 생각하느냐?"는 질문을 간혹 받게 된다.

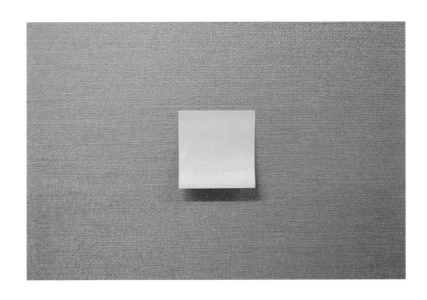

'어떻게 생각하면 뭐 할 건데?'

이런 작은 읊조림이 머릿속에서만 맴돌다 말 때도 종종 있고, 질문에 따라서는 '관심 그래프'가 상당히 높은 이슈를 질문해 오기도 한다. 그런 읊조림이 안에서만 도는 이유는 말해 봐도 아무 의미가 없는 경우이거나 또는 그 말이 이상하게 전달돼 마치 앞잡이처럼 되는 경우도 간혹 있기 때문이다.

그러나 이름을 걸어 부족한 글이나마 쓰는 입장이 작은 부담이 되어 말하기가 곤란한 경우도 종종 발생하게 된다. 얼마 전, 지역의 한 관변 단체에 관심 있는 시민들의 '분노 게이지'가 오르락내리락할 내용이 ○○시의 지원을 받아 시민을 상대로 시행되는 일이 있어서 개인적인 판단과, 시민들의 반응과, 해당 직업군의 활동인들의 입장을 생각해 글을 썼던 적이 있었다.

그 계기로 관련 활동을 하는 직업군들의 적잖은 데이트 신청을 받아 "앞으로 어떻게 할 예정이냐?" 또는 "어떻게 하자.", "그 앞에 나서 달라."는 등의 질문과 제안의 대상자가 돼 있기도 했다. 반면, 그와는 달리 지방세에 대한 불만들은 있지만 지방세의 쓰임 출처를 정확히 모르니 시민 대상의 프로그램에 참여를 하고 와서 "세상에나 그게 시민들의 혈세란 말이여~" 하면서 늦은 분노를 표출하는 사례도 적잖이 있었다.

소리를 내는 많은 시민들은 "우리 도시는 멀었어."라고 말한다. 정보가 없다는 이유가 모르는 이유라면 해당 포스터만 자세히 보더라도 알 수 있는 일을 "몰랐어."라는 '내로남불식' 말로 관변단체의 탓으로만 말을 해 버리면 되는 건가? "시민의 혈세를 갖고~" 이렇게 말을 하면서 늘 그와 다른 행동을 누군가에게 듣고 나면 "몰랐다."는 대답을 하는 경우가 많다는 것이다.

그렇다면 "몰랐다."의 대답에 반응할 수 있는 것은 '관심(關心)'이다. 조금만 성의 있게 관심을 갖고 살펴보면 그런 무책임한 대답을 하는 사람이 되는 것에선 벗어날 수 있다. 아직도 우리 지역의 해당 관변단체는 시민들의 언성을 듣게 되는 시행에 이를 꼬집은 지역 언론이나 관련 활동인들의 지적에는 전혀 반응하지 않고 있다가 반응은커녕 오히려 시행 분야의 야인이 없다는 이해할 수 없는 대답을 했다고 한다.

적지 않은 시비를 집행하면서 지역의 이름을 이용당하게 하는 관변단체의 마이웨이는 결국은 시민들의 성숙된 관심의 참여가 우선인 것이다. 그 이유는 도시의 변화는 바로 시민의 '관심(參與) 있는 참여'에서 오는 것이기 때문이고, 시민의 관심과 참여를 갖게 하는 것 역시 '기대의 방향성'인 것이다.

어떤 일을 수행함에 있어 접근하는 방법이나 시행하는 방향이 지금까지와 조금이라도 다름이 보이게 된다면 당연히 대상인 시민들의 관심은 달라진 방향을 체감하게 될 것이고, 그 체감의 후속 행동으로 '기대'라는 마음이 동반된 '관심'이 생성되는 것이다.

가시적인 '변화'의 방향이 느껴질 때 '기대'가 되고 그 기대가 바로 관심을 만들고, 기대되는 참여는 '긍정적인 참여'로 작용을 할 것이라는 것이다. 자칫, 참여를 피곤하다고 간주해 버리는 많은 경우를 봐 왔으나, '기대가 동반된 참여'는 '긍정적 열린 참여'일 수밖에 없으므로, 이는 '큰 도시의 큰 뜻'으로 '함께'를 완성시키고자 하는 방향에 반드시 필요한 기대와 관심 유발이 '긍정적 참여'일 것이다.

지자체의
지원금이 목적인가요?

    여느 해 같지 않은 늦여름 장마가 올해는 조금 이른 가을을 부른 것 같다. 그로 인해 조금은 준비되지 않은 추석이 가까워지면서 지역사회 각 조직들의 움직임도 부산해졌다. 마치 올가을이 아니면 안 될 것처럼 지원금 행사 기획안에 전투적인 모습들도 보이고, 정부 지원금이나 지자체 지원금을 노린 단체 구성원의 움직임도 여실히 드러난다.

"누가 받아 가도 다 받아 갈 지원금은 눈먼 돈이니, 이왕이면 받을 수 있는 건 받아야지."

이런 말들을 아무 거리낌 없이 하는 지역의 크고 작은 단체들…. 그러나 실제로 행해지는 행사들의 유형을 보면 약속이나 한 듯 수식돼 있는 ○○ 돕기 또는 후원·자선 행사들이 하루에 두어 개씩 겹치는 경우가 빈번하다. 그 빈번한 중복된 지원 행사들을 마주할 때마다 느껴지는 '저 지원금들이 다 시민들의 혈세인데….' 하는 마음이 먼저 앞서기도 한다.

게다가 그 행사가 지역사회에서 해마다 지자체의 지원금으로 치러지는, 또는 지역에서 공기관과 지역 기업들에게 적지 않은 피해 사례를 들어 왔던, '모른 척할 수 없는 이'가 주관하는 행사라는 점이다. 더 안타까운 점은 해당 행사에 기획안대로가 아닌 참여인들의 소정의 개런티마저 재능기부였다는 소리를 듣게 되면 '도대체 적지 않은 금액의 지원금과 후원처들의 기부 행방은 어디일까?' 의구심이 들기도 한다.

그렇다면, 과연 이 지원금을 받아 치러진 행사 수익들이 얼마만큼이나 소외계층에 도움을 주고 후원되고 있을까? 해당 행사가 지자체의 이름을 내걸고 얼마나 지역사회에 필요한 것일까? 집행하는 지자체에서도 마음 깊이 생각해 볼 일이다.

지난 주말 'ㅇㅇ시 농아인협회 한마음 가족 축제' 행사가 치러졌었다. 지자체 지원의 미미한 금액으로 치러진 장애 유형 단체의 가족 축제에 지회 귀속의 수어통역센터 운영위원회의 마음으로 참여한 후원금과 각 단체 및 개인 기업들의 후원 물품들만으로 치러진 '한마음 가족 축제'가 비교됐다. 그런 가운데 해당 행사에서 '시민 중심 The 큰 파주' 김경일 시장님의 인사말 중 가슴에 와 닿은 한마디.

"늘 제가 함께하겠습니다."

의전행사를 마치고 행사에 참석한 다수의 농인들께서 "시장님의 말씀에 감동했다."는 이야기들을 쏟아 냈다. 추석을 앞둔 행사여서 기대 만큼 많은 농인들의 참석은 아니었지만, 행사를 마친 뒤에도 시장님의 그 말씀이 여운처럼 남아 농아인들의 마음에 미리 '한가위의 넉넉한 마음'을 안겨 주었다.

정말 필요한 곳에 쓰여야 할 지자체의 혈세가 지원금을 목적으로 설립돼 무분별하게 이해 안 되는 수혜자가 발생되는 것보다는 차라리 우리 도시에 거주하는 소외계층 또는 장애 단체들의 복지 지원으로 쓰여야 할 것이다.

그러한 무분별한 단체들이 시민의 혈세인 지원금을 받아 설립되는 것은 지역사회의 시민들이 아닌 특별한 힘을 발휘하고자 하는 '밉보이고 싶지 않은 특정인'에게 집행돼 참여인들을 이롭게 하는 '순기능'보다

오히려 특정인의 능력으로 작용해 참여인들에게 군림하고 혈세만 낭비되는 '역기능'이 훨씬 크다.

목적이 숨겨져 있는 크고 작은 비영리 법인 및 단체 구성에 지원금 집행 후 지원처의 서류 짜 맞추기가 아닌지에 대한 최소한의 관리 감독으로 시민의 혈세가 정말 필요한 곳에 집행돼 쓰이기를 바라본다.

잠재적 성범죄자

"어이구, 예뻐라. 저쪽으로 가면 지휘하는 할아부지가 있어. 할아부지가 용돈 주실 거야. 가서 잘 받아 와! 그래그래, 참 잘했어요. 할아버지 얼굴에 뽀뽀~"

〈전국 노래자랑〉의 상징이셨던 고인이 된 송해 선생님의 단골 '멘트'

다. 어린 출연자들이 나오면 아이의 귀여움을 어필해 악단장께 가서 용돈을 받게 해 주는 '센스'가 노련한 그분의 60년이 넘는 '베테랑의 여유'였다. 우리는 그런 고인의 여유 있는 진행을 보면서, 해당 프로그램이 지역의 특성과 잘 버무려지는 '케미'에 공영방송인 KBS에서 그가 국민들의 장수 프로그램에 장수 진행을 맡아 올 수 있었던 것이라고 생각했다.

그런데 얼마 전, 지역 행사의 마음 참여의 재능기부 진행을 다녀오고 관계자로부터 한 통의 전화를 받았다. "고생하셨는데 저는 괜찮은데 아이의 엄마와 담당자가 문제 삼을 수 있다."는 말과 함께… 공연성의 진행 부분에 불만을 삼은 것이었다.

두어 번 본 지역의 '꼬마 출연자'를 때마침 만나게 돼 평소 귀여워하던 입장에 '노 개런티'로 출연한 '꼬마 출연자'를 챙기는 마음에서, 70대는 넘는 노령의 어르신들께 공연 중간에 관중석으로 아이를 데리고 들어가 인사드리면 "어른들께서 아이에게 용돈을 주시면 감사합니다."라는 인사와 함께 "할아버지께 얼굴 뽀뽀 한 번 해 드리세요." 이 한마디가….

모든 성범죄는 보이지 않는 곳에서 일어나는 법. 많은 관중이 계시고 공연성의 '개런티' 없이 무대에 오른 아이에게 나름 진행자의 유연성에 따른 배려로 어린 출연자를 챙기고 싶었던 마음이 퇴색해 '잠재적 성범죄'를 유도한 입장이 되어 있었던 것이다.

시골 마을의 행사였던 만큼 지역에 거주하시는 어르신들의 손주 재롱을 조금이나마 느끼게 하고자 하는 마음의 '공연성 행위'에 주머니를 여는 어르신들의 마음에 부담을 덜게 하려는 진행자의 '스킬'이 순수에서 멀어진 사회적인 문제적 시각으로만 판단된 결과에 마음이 참 안타까웠다.

우리, 꼭 이래야만 할까? 은폐된 범죄의 환경적 문제를 들여다보는 시각이 공공연히 공개된 현장에서 공연성을 띤, 심지어 70~90세 연령층의 지역 행사에 참가한 어르신들을 대상으로 그리 문제의식을 가졌어야 할까? 그만큼 우리 사회에 믿을 수 없는 사건·사고가 많다는 것이기도 했지만 '개런티' 대신 받은 용돈을 어르신들께 감사해야 하는 최소한의 공경의 한 면으로 순수하게 볼 수는 없는 것일까?

왜 보이지 않는 외곽지대의 범죄 발생 우발 지역에서의 우려를 공공장소에 접목을 시키려는 시각으로 순수를 잃어 가는가? 이것이 진정 우리 사회의 현실이란 말인가? 우리 사회의 문제이기도 하지만, 한편으로는 늘 평가를 받는 무대 위 문화예술인들의 냉혹한 현실이기도 하다.

지금 우리나라는 이태원의 '할로윈데이' 참사로 서로 책임을 묻는 관계자들의 공방전을 보고 있다. 물론, 이번에도 코로나의 긴 터널을 뚫고 겨우 시작되는 문화예술인들의 행사 계획들이 의무적으로 '국가 애도 기간'이라는 명분 아래 일방적 통보에 의해 무산되어 버리고, 행사비를 미리 받은 예술인들도 다시 토해 내거나 일방적으로 행사를 취소

한다는 연락만으로 감수해야 하는 상황에 직면해 있다.

이 상황에 당연하게 '애도 기간'이라는 이름으로 무대 위 사람들은 고스란히 피해자가 되어 있지만, 아무도 그들의 애환과 피해는 들여다보지 않는다. 그런 그들의 애환을 알기에 한 번의 무대라도 더 챙기고자 하는 마음이었거늘, 그리 사회적 문제로 보는 시각에 야속한 마음이 앞섰다. 공영방송인 국민의 방송에서조차도 문제가 되지 않는 진행자의 공연성에 대해 문제라고 바라보는 시각의 기준에 사회적 차별이 주는 문제의식을 가져 본다.

이번 '이태원 참사'를 대하는 우리들의 마음에 이미 문화예술인들이 떠안아야 하는 예술인들의 '생업 안위의 주소'는 이미 관심 밖 사각지대에 있다는 점도 바로 현실적인 부정적 시각이 아닌 '필요한 판단의 필요성'을 시사하는 바이다.

후원에도 존재하는
'부익부빈익빈(富益富貧益貧)'

"감사해서 어째요?"

"요즘 어려우실 텐데… 너무 걱정하시지 마세요."

"덕분에 따뜻해졌습니다."

해마다 해 오던 아주 '소소한 마음 씀'을 조용히 행했을 뿐인데도 지나치리만치 넘치는 인사를 되로 받게 되면 자꾸 뒤를 돌아보게 되고 걱정이 되는 발길이다. 한 해에 몇 번 다른 사람들을 신경 쓰지 않고 정해 놓고 하는 활동이 아닌 마음이 동(動)할 때 조용히 둘러보는 나만의 약속 실행에 대한 장애시설의 배웅 인사 풍경이다.

시설들이 지원 또는 따뜻한 손길을 받기 위해서는 갖추어야 하는 기준이라는 것이 있다. 시설의 사정에 따라 기준에 부합하지 못하게 되면 '울어야 젖을 준다'는 울음도 통하지 않는 경우가 있어서 간혹 돌아보다가 욱하는 마음이 들 때가 '한두 번'이 아니다.

또, 같은 장애 유형 중에서도 유독 지원이 박하고 봉사단의 발길이

뜸한 단체들도 많은데, 이들의 어려운 사정들에 조금 말의 힘을 보태려다 보면 간혹 그 단체의 대표가 사업 수완이 없어서 또는 '울지 않는데 누가 주겠느냐'는 식의 그들의 울음도 역시 '기준에 맞추어진 울음에만 귀가 트이는구나.'라는 생각이 들 때가 많다.

최근 최초의 경기를 치른 모 장애단체의 지자체장의 이름을 내건 행사가 있었다. 두어 달 전부터 이미 부탁을 해 왔고, 울었었건만 너무도 빈곤하고 초라한 행사 모습에 타 지역에서 온 참가 단체들에게 부끄러운 모습을 고스란히 노출시킨 행사가 있었다.

연말이라는 기간적인 특성에 따라 많은 기부 행사 및 후원 행사가 곳곳에서 벌어지고 있지만, 짧지 않은 시간 그 단체는 가난하지만 소신을 굴하지 않은 채 소속된 지자체의 이름을 빛내고 있었다. 소신(所信)을 잃지 않고 활동해 오고 있다면 방치를 할 게 아니라 해당 부서의 누군가는 기준을 갖도록 정돈을 해 주어 더 큰 소신이 성장할 수 있도록 해 주어야 하지 않을까?

마지막 한 장 남은 달력의 위를 발 빠르게 걸으며 한 해의 끝을 향해 가는 각 봉사단체의 발길과 막강한 권력을 가진 이들의 후원 활동이 여기저기에서 눈에 보인다. 하지만 그동안 익숙한 후원만이 빛나고 있고, 정해진 시간 속 권력의 힘에 다시 기여될 수 있을 거라는 기대가 보이는 특정 단체들의 후원만이 '풍성한 균형 없는 시설'들의 부익부빈익빈(富益富貧益貧) 현상이 두드러지고 있다.

즉, 어느 단체는 너무 풍성하고, 또 다른 단체는 너무 빈곤한 균형 없는 상황들에 오히려 입고 간 옷까지도 벗어 주고 와야 하는 안타까운 일이 있기도 하다. '왜?'라는 의문에 무색하게도 그들은 이미 후원을 부탁받은 바가 있어도 '몰랐다'고 하면 그만이고, '전부터 부탁드렸었는데….'라고 하면 '그땐 이미….'라는 대답을 하기도 한다.

이왕이면 지자체의 도움이 필요한 시설 관리에 후원 및 물품 지원의 연결 시, 정말 필요한 균형의 연계를 부탁드리고 싶다. 또 각 봉사단체들의 후원 활동도 매해 해 오던 단체보다는 사정상 기준에 미치지 않더라도 정말 필요로 하는 빈곤한 시설을 돌아봐 주었으면 하는 바람을 가져 본다.

어느 봉사자 한 분의 장애시설을 방문했다가 한 시설은 "무엇을 필요로 하느냐?"는 질문에 "식기 세척기가 없어서 힘들다."고 했고, 또 다른 시설에서는 "찜솥이 부족해서 한꺼번에 못 먹인다."는 관계자의 말흐림이 비교되면서 "귀가의 발길을 그릇 가게로 돌려 사비로 찜솥을 사다 주고 오는데, 기분 좋게 와지더라."는 말이 뇌리에 남는다.

미안함 가득 담은 표정의 "덕분에 따뜻하게 보냅니다."라는 배웅 인사 풍경에서 오는 따뜻한 말의 온도가 주는 경험담이 귀감으로 느껴졌다.

2023 계묘년(癸卯年)
'어서 와'

"왜?"

우리가 살아가면서 어쩌면 많이 쓰는 말 중 하나일 것이다. 바로 이해가 안 되거나, 또는 이해하고 싶지 않은 불만이 분명할 때 가장 많이

우리는 '왜?'라는 한 글자에 끝을 올리며 묻는다. 서로에게 관심을 표현하는 방법일 때도 그리 묻지만, 상기 내용과 같이 이해의 장벽을 넘으려 할 때 많이 사용한다는 말을 언젠가 어느 연구 결과에서도 본 바가 있다.

그러나 인간관계는 '왜?'라는 말을 사용할수록 관심 많은 애정의 표현이 되기도 하고, 하는 짓마다 얄미운 경우에도 그 '왜?'의 억양의 끝음이 올라가기도 한다. 그렇다고 우리가 자신 외에 다른 사람들을 이해시키면서 살아야 하는 건 아니지만, 구태여 '왜 저렇게 행동하지?' 하는 행동으로 주변인들의 눈살을 찌푸리게 할 필요도 없다.

사회활동을 하면서 경제활동도, 봉사활동도 결국은 사람이 하는 행동이므로 이왕이면 사람들은 명쾌하고 투명한 사람을 좋아한다. 자신만의 일도 복잡한데 굳이 타인의 이해까지 구하며 살지 않아도 되지만 '왜?'라는 끝 음을 올리는 사람들의 대다수는 필요 이상의 내용이 아닌 주변인들과 관계된 일들의 이해를 구해야 할 때 사용한다.

물론, 내용에 따라서는 타인의 이해를 받아야 하는 필요도 있지만, 오히려 혼자만의 독단적인 추진이 필요할 때도 있으므로 '그들만의 리그'라 표현하는 단순함이 오히려 효과적일 때도 있다. 모든 일에 속속들이 남들과 깊이를 공유해 추진해야 한다면 오히려 '배가 산으로 가는 것'처럼 본인에게는 중요한 소신이 '오합지졸(烏合之卒)'이 되어 어떤 질서도 없고 조합도 안 되는 무분별한 과정이 될 수 있기 때문이다.

한 해를 보내며, 또 한 해를 맞으며 가장 마음을 잡아당기는 말, 자신에게 묻는 '왜?'라는 질문이 필요한 시기이다. 하지만 자신에게 필요하기도 하고 필요치 않기도 한 그 '왜?'라는 질문을 스스로에게 던지는 것이 너무 익숙해지지는 말아야 할 것이다.

무엇인가를 해 보려고 하면 이리 부딪히고 저리 부딪혀서 시작하기가 두려울 때가 있다. 이럴 때 자신의 마음 안을 오롯이 들여다보는 '통찰의 혜안'을 스스로 장착해 누구에게나 이해받으려는 입장보다는, 누군가에게 설명하지 않아 이해받지 못하는 서운함을 받느니 선명한 자신의 정체성으로 '왜?'와의 거리 두기로 계묘년(癸卯年) 검은 토끼의 발돋움처럼 2023년을 열게 되길 바라본다.

활동 조직에서 그것이 봉사이든, 생업 활동이든 자신에게 향해지는 '왜?'라는 끝 음이 올라가는 소신이 분명하지 않은 정체성이 내 모습이 아닌가 한 번쯤은 생각해 봐야 할 일이다.

계묘년(癸卯年)은 모든 이들이 주변을 잘 살피고 매사에 꼼꼼함을 필요로 하는 해라 한다. 자칫 잘 만들어 놓은 실적이 모래성이 되기 쉬운 해이기도 하다는 예언가들의 말이 흘러나오기도 하고, 검은 토끼의 해이니만큼 밝음보다는 어두운 검정색이 많이 쓰이는 해이기도 할 터이다.

그러나 짧지 않은 시간, 코로나의 터널을 잘 견뎌 와 열게 되는 2023년 검은 토끼의 토굴에 '밝은 해 쨍하고 뜨는' 마음가짐으로 두 팔을 크게 벌려 새롭게 시작되는 2023년을 안아 보자. '어서 와, 2023년' 하면서….

적당한 시기(접점·Moment of truth)

▶▶

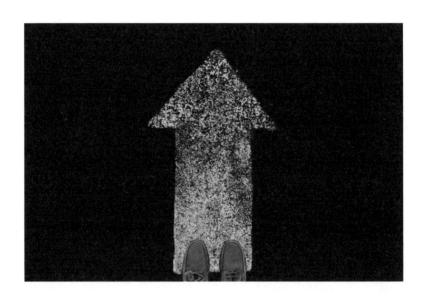

　'이 추위가 지나면 참 많은 좋은 일들이 있을 것'이라는 기대를 안고 2
월이 활짝 열렸다. 그러나 그 기대만으로 마음이 편하지만은 않은 것은
누구나가 마찬가지일 것이다.

전기요금의 인상에 이어 감당하기 어려운 가스요금 폭탄으로 인해 대한민국에서 세대를 이루고 있다면, 아니 살고 있다면 누구나가 황당함의 공감을 할 만한 시기이다. 현 정부는 전 정부를 탓하고, 전 정부는 현 정부를 탓하는, 지금까지 늘 지켜봐 온 되돌이표와 같이 서로 탓만 하며 특별한 대안 없이 각각의 지지층 사람들을 편 가르는 우스운 답습을 하고 있다.

"그러니까 어떻게 하자는 건데?"
"몰라."
"어쩌라고?"
"없다."

언제까지 탓만 할 것인가? 대안이 없다는 게 말이 되는가? '어떻게'는 없으면서 탓만 하는 것이다. 그렇다고 지자체에 따라 지원되는 일회성 지원책 역시 방법이 될 수는 없다. 순간적인 위안은 될 수 있겠지만 이것이 과연 사람들의 가계에 미치는 역할은 어느 정도일까를 생각해 보면, 지자체에 운영되는 예비비의 쓰임을 그리 감사하게만 받아들일 수는 없는 노릇이다.

종종 '더 시급한 것을 해야 하지 않나?' 하는 볼멘 언성도 들리지만, 그 시급한 우선순위의 당위성을 제시하지 못하면 그만인 것이다. 그것은 뭐든 내 기준이 우선되어 있거나 성숙하지 않은 친분의 정당 활동으로 인한 '카더라 통신'에 반응하여 무조건 반대하고 보는 포퓰리즘

(Populism)의 일환인 것이다. 그러나 '코로나19'와 같은 한시적인 경우와는 엄연히 다름을 사람들은 알고 있지만, '없는 대안에 이나마'라는 막연한 끄덕임일 수 있다는 생각이 들기도 하다.

하필이면, 코로나의 터널을 빠져나와 이제 막 뭘 좀 시작해 보려는 시점에 이런 인상이 적절했는지 생각해 볼 일이다. 우리가 바쁘게 걸어 목적지에 도착했을 때 숨이 목까지 차 있는데 바로 '무엇인가를 하라'고 한다면 하려는 일에 대한 효율은 이미 기대 이하이다.

숨이 턱까지 차 있는 사람에게 잠시 앉아 숨도 돌리지 않고 물 한 잔 마실 공백도 없이 밀어붙이는 것 같은 '폭탄 인상'의 시점은 코로나의 터널을 나오자마자 힘들게 석탄을 캐고 광을 나온 광부에게 수레를 들어 석탄을 나르라는 효과가 아니었을까?

'잠깐의 숨 고르기가 필요하지 않았을까?' 하는 아쉬움이 드는 인상시점이다. 전기요금·가스요금 인상과 함께 '우르르' 뉴스마다 물가 인상이 보도되고 피부로 와 닿는 버거운 시름은 오로지 사람들의 몫이 아닌가? 사람들이 받아들여 이해하는 접점(M.O.T: Moment of truth)이 필요한 것이다.

어려움의 시간들을 지나왔는데 막 끝나 갈 무렵에 또다시 버거운 생활고에 직면하게 되는 이 상황은 사전 홍보가 있었지 않았느냐는 대응과도 거리가 있는 것이다. 보편적인 입장에서의 객관성을 조금 움직여 사람들에게 반대만 하는 것으로 보이기보다는 다양한 대안의 제시로 상생의 그림을 기대해 본다.

사람의 관계도 적당한 거리가 필요하듯, 정책과 시책의 시기에도 적당한 접점(M.O.T)이 필요하지 않을까?

이권(利權)에 방황하는 '기능(機能)'

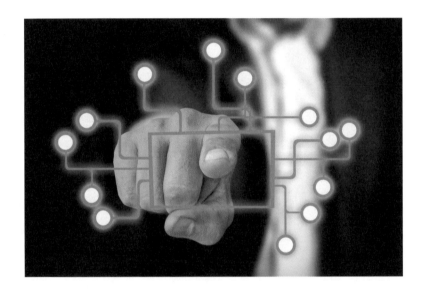

'기능(機能)'이라는 단어를 포털 사이트를 통해 검색해 보면 다음과 같이 풀이된다.

하는 구실이나 작용을 함. 권한이나 직책, 능력 따위에 따라 일정한 분야에서 역할과 작용.

가깝게 단순한 나 개인의 기능을 들여다봤다. '나의 위치에 맞는 역할과 기능을 하고 있는가? 내 직업에 맞는 순기능을 발휘하고 있는가? 내 나이에 맞는 도리를 가까운 지인들과의 관계에서 움직이고 있는가? 내 기능에 맞는 대우를 받고 있는가?' 한꺼번에 움츠러들 만한 질문들을 쏟아 냈더니 예상치 못한 '흔들리는 자아'의 알아차림이 시작되었다.

그와 함께 주변의 각 기능을 말할 수 있는 조직들을 떠올려 보면서 과연 각자의 기능들이 제대로 재능을 발휘하고 있는지를 생각해 봤다. 사람으로 말하면 '자신의 이름답게 불려 온 자리와 직분답게 구실을 하며 산다'는 것이 바로 사람 개인의 기능을 하는 것이 아니겠는가?

오랜만에 연락이 닿은 후배가 "오랜만이다. 어떻게 지내느냐?"는 내 반가움에 "먹고사느라 사람 구실도 못하고 삽니다."라고 대답을 해 와 '2년여 전 코로나 중 나의 부친상에 인사하지 못한 미안함을 이렇게 표현하고 있구나.'라는 마음이 들면서도 "요즘은 다 그렇지 뭐. 나도 그래." 영혼 없는 응답을 했다.

사람 구실, 기능을 발휘한다는 것인데 나이가 들어감에 따라 마음 안에서 불쑥거리는 오지랖의 움직임 때문인지 '기능을 다하지 못하는 기관들과 직업들이 어디 한두 가지겠는가' 하는 읊조림이 바람 빠진 풍선처럼 새어 나왔다.

개인(직업)도, 공통분모가 있어 만들어진 조직들도, 각 필수 기관들도 각자가 기능은 있을 터이지 않은가? 그 대상이 개인이어서 그가 지역민들이나 후배들의 기대와 지지를 받는 입장이라면 그들에게 지지받는 이유인 최소한의 기능은 발휘하여야 하고, 공통분모의 하나 됨이 근본이 된 조직이라면 그로서의 공통분모에 흐트러지지 않는 기능이 움직여야 하고, 기능된 목적의 공기관이라면 그 역시 마찬가지 아니겠는가?

서로 조심스러워 소리 내어 말하지 못하는 기능들에 기대조차도 하지 않는 상황이기도 하지만, 다수의 공적 목적을 가진 조직들을 직간접적으로 보면 처음 조직하던 목적을 달성하기 위한 방법으로 들어서다 보면 어쩌다가 초기의 색깔을 잃어 방황하는 경우를 많이 보게 된다. 알고 보면 제구실을 제대로 하는 사람(조직·기관)들이 얼마나 있겠는가?

최근에 가까운 사람이 몇 년을 거쳐 거주도시의 특정 콘텐츠를 모티브로 하는 문화재단에 많은 시간과 마음을 쏟아붓더니 어느 순간 시들해진 느낌이 있었다. 이에 가볍게 물었더니, 방향이 달라 함께하지 않기로 했다는 대답을 들으며 '왜 사람들은 처음 시작과 달리 뭔가 된다 싶으면 이권(利權)으로 향하려는 마음을 쉬이 달래지를 못하는 걸까?' 생각하게 되었다. 누구에게 떳떳이 말하지도 못하는 이권이 도대체 사람 관계보다 더 중요한 건지, 시작할 때 모았던 공통분모의 뜨거움 따위 금세 잊어버리는가 보다.

하물며, 어느 조직은 지자체의 예산이 확정되니 이젠 그만 활동 안 하실 분들은 나가도 좋다는 말도 서슴없이 하기도 해 오히려 초석의 힘이 되었던 이들의 공분을 자아내기도 해 안타까울 뿐이다. 이래서 조직의 반대 세력들이 생산되고 같은 콘텐츠의 분산된 조직의 다툼이 탄생되어 기능의 방황이 시작되는 것이다.

나는 구실을 하고 있는지? 내가 구성원인 조직은 제 기능을 하고 있는 것인지? 내가 이용하는 기관의 기능이 우리에게 제대로 향하도록 참여하고 있는지?

구실을 한다는 것은 자신의 위치를 내려다보면 사실 아무것도 아닐 텐데 현대인들은 어쩌면 자기 자신을 제대로 들여다보지 못하고 있는 것은 아닌가 하는 주제넘은 생각에, 오랜만에 만나 선배의 부친상에 인사를 못해 "사람 구실 못하고 삽니다."라고 인사하는 소박한 후배의 미안함이 우리들에게는 있을까를 떠올려 보았다.

국민신문고의 기능(機能)

국민권익위원회가 운영하는 국민신문고의 기능을 많은 분은 어떻게 생각하시는지 묻고 싶다. 두어 번 해당 사이트를 이용한 적이 있어 암묵적 상식으로 알고 있는 국민신문고의 기능과 포털 검색을 통해 알게 된 국민신문고의 기능은 '정부 기관에 불편한 점이 있을 때 원스톱

(One-stop)으로 민원을 제출해 처리하는 곳'이라고 설명돼 있다.

모두 세상이 어지럽다고들 하지만 나름대로 각자의 자리에서 자신의 생업들을 영위해 나가고 있고, 나름 그들만의 리그전을 치러 나가고 있다. 누군 "이게 나라냐?" 하고 불만스러운 투덜거림을 쏟아 내는가 하면, 누군 "더 이상 어떻게 잘해야 하는데?"라고 볼멘 반문을 토해 내기도 한다. 사람들의 정치적 신념이 성향에 따라 '불평의 색깔'은 각각의 방향이 다르지만 하나의 공통점이 있다면, 언제 어느 때의 정권에도 이런 불안한 마음들이 다양한 방법으로 표출돼 오고 있다는 것이다.

얼마 전, 지인들과 가까운 인근 도시의 드라마 촬영지로 유명해진 곳에 바람을 쐬고자 갔었다. 그곳은 해당 지역의 관광자원으로서의 역할을 톡톡히 하고 있었다. 이곳에 당시 드라마의 내용이 쓰인 안내판이 있었고, 안내판의 글을 읽어 내려가다 보니 네 번째 줄 첫 소절에 오타가 보였다.

직업적인 본능과 자국민으로서, 우리나라 관광 안내판의 오점에 대해 '빠른 개선의 목적'이 반응해 해당 부서에 "수정을 하셔야 할 것 같다."는 연락을 했다. 그러자 해당 부서의 직원은 아주 귀찮은 듯 '자신과는 큰 관련이 없다'는 건조한 말투로 "국민신문고에 올리라."는 아이러니한 안내를 해왔다.

"국민신문고의 기능이 지자체의 문화자원의 안내판 수정을 요구하는 곳인가요?"라고 반문을 하니 "그럼 해당 부서 사이트에 올리시든가요." 하며 성의 없는 답변을 하기에 "알겠습니다."라는 대답으로 전화를 끊었다.

이를 기관 사이트의 해당 '부서란'에 올리고 일주일이 지나 '나름 소신이 보이는 언론사'에 제보했다. 직원의 '엉뚱한 안내'와 함께 '안내판이 2002년도에 설치되어 22년 동안 해당 지자체의 관광 수익을 위한 설치물로 관리 감독이 소홀했던 점을 말하고자 했고, 제작사에 관광 자원의 안내판에 내용을 주면서 오더 했을 텐데 담당 직원은 확인은 하지 않았을까 하는 생각을 제보했다.

제보 당시의 마음은 그랬다. 자국민으로서 22년 동안 지자체의 관광 수익을 위한 안내판의 수정을 요구하는 내용에 민원 안내를 아이러니하게도 국민신문고에 적을 것을 안내한 부분과 22년 동안의 관리 감독·설치 시 미확인한 부분을 조금 다뤄 주시고자 하는 마음이었다.

추후 바른 안내를 바라는 마음이었으나, 취재의 방향이 설치문의 수정과 잘못 안내한 부분의 사과로 바뀌어서 해당 공무원의 사과로 해결되었으니 뭘 들춰내느냐는 식의 '아니면 말고' 식의 마무리로 바뀌어 있었다.

해당 부서의 팀장으로부터 전화가 왔다. 물론 내용을 보고로만 알고 있는 지극히 형식적인 인사로, 22년 동안의 관리 감독 오류와 국민신문고에 올리라는 오류의 안내를 사과하고자 하는 내용이었다. 최소한 해당 사이트에 업데이트된 내용은 직접 읽고 알고 전화하는 정도의 성의는 보였어야 하는 게 아닌가 하는 마음이 들었다.

"질문 하나 드리겠습니다. 국민신문고의 기능이 지자체의 문화재 오타 수정을 요구하는 기능인지요?"

라는 질문을 남겼다. 제보하면서 내 마음은 그랬다. 나도 대한민국의 국민이고, 국민신문고로 안내를 잘못한 공무원도, 사과 전화로 무마하고자 하는 관리자도 대한민국 국민이고, 제보를 받은 기자도 대한민국 국민이라는 공통분모의 작은 소신을 기대했던 것 같다.

'펜이 칼보다 힘이 세다'는 말은 소신 있는 언론의 역할이 공권력보다는 공신력을 발휘해 공익으로 기여되도록 했을 때 빛나는 말로, '공론의 가치'를 모른 체하고 그들 간의 협의를 유도하거나 소신에 눈을 감는다면 언론의 첫 번째 기능은 잃은 것이라는 생각에 안타까웠다. 언론은, 그 첫 번째의 기능이 소신으로 실현될 때 가장 빛이 나는 것이 아닐까?

우리는 없고 너, 나만 있는
조직(組織) 아닌 관계

우리는 살아가면서 크고 작은 조직에 귀속되기도 하고, 원하지 않더라도 우리의 선택과는 무관하게 소속되기도 한다. 그것이 경우에 따라서는 생업과 연관이 있는 경우도 있고, 또 다른 경우 봉사조직 또는 그 지역에서 태어났다는 이유만으로 만들어지는 자연적 조직이 되

기도 한다.

　그 자연적인 이름이 붙어서 자부심을 가질 기회가 생기기도 하지만,
미안하거나 부끄러워해야 할 경우가 생기기도 한다. 그것이 전자라면
자랑스럽고 뿌듯함이 얼마나 감사한 일이겠느냐마는 대부분 후자여서
미안해해야 할 일이나 부끄러워해야 할 일이라면 참으로 억울한 일이
아닐 수 없다.

　간혹, 사람들과 어울리다 보면 내 의사와는 다르게 "네 동문이잖아."
또는 "너랑 가깝잖아." 식의 표현들로 말하고 싶은 대상을 연결 지어
우회적인 지적을 하려는 시도에 맞닥뜨려지기도 한다. 또 그런 누군가
의 자극이 없더라도 관계의 명분이 분명한 경우가 있어서 후자의 경우

에는 씁쓸한 마음이 마음 안에 조용히 찾아드는 사례들도 적지 않다. 특히, 이런 경우는 평소에 직접적으로든 세평으로 알든 기대에 미치지 못하고 부정적인 말로 관계가 거론될 때, 우리는 소속에 대한 타인들의 언급을 피할 수는 없다.

살아가면서 너무도 다양한 성향의 사람들을 만나고, 너무도 다양한 일들에 부딪히며 살아가지만, 그 과정들이 유익한 경험이 되기도 하고 때론 다시는 경험하고 싶지 않은 사람 또는 조직에 대한 트라우마(Trauma)로 작용하기도 한다.

하루 동안만 해도 참 많은 일이 일어나 좋은 일도 불편한 일들도 있기 마련, 하루의 일과를 롤러코스터 타듯 생각하며 살 게 아니라면 사람들의 삶을 그런대로 인정하고 '그렇구나!' 하며 인정 아닌 수긍 정도로의 과정도 필요한 것이라는 생각이다.

관계로 인해 들려오는 세평에 대한 실망은 그렇다지만, 관계가 주는 실익을 헤아리며 살 수는 없다. 하지만, 세평으로 인한 실망감으로 평소 기대를 키웠을 상처도 조금은 헤아리는 여유도 필요할 것이다.

혹시, '우리'라는 관계가 필요 또는 불필요의 구분을 해야 하는 것이라면 진정한 우리가 아닌 거래 관계가 형성되는 건 아닐까? 그렇다면, 거래의 결과물은 있어야 하지 않을까? 꼬리에 꼬리를 무는 아이러니한 관계의 표현에 너, 나 아닌 '우리'는 찾아보기가 힘들다는 생각이 짧지 않은 시간 이어지면서 스스로 '우리'일 수 없는 이유를 깨닫게 되는 것 같다.

　누군가 말하던 '세상은 혼자 살 수 없다'는 말을 떠올리며 '함께'라는 단어로 필요 관계를 '우리'라고 착각해 소리 내고자 했던 오만이 빚어낸 실망과 상처였다는 감정 정돈의 과정을 겪으며 갖추어야 할 '여유의 필요성'을 생각해 봐야 한다.

　그래도 젖은 무게 실린 아쉬움이 남는 것은 소속이라는 이름 아래 키웠던 기대와 실망하고 싶지 않은 막연한 믿음이 대상들에게 있기 때문일 것이다. '우리'의 삐거덕거리는 소음이 본의였든 타의였든 선택의 관계를 떠나 소속으로 인한 부정적인 표현을 듣게 되어 조직원들에게 실망이라는 과정이 있다면, 회복하려는 작은 관심의 시도는 있어야 한다.

　"그래, 너는 그렇구나."의 각자가 갖는 감정이 아닌 "그랬구나."의 '우리'가 가질 수 있는 여유. 무엇이 필요한지 아는 자와 모르는 자의 출발은 다르기 때문에 조직원들은 결국 나, 너일지라도 '우리'라는 조직(組織)을 만들어 나가리라는 응원을 놓지 않기 때문이라는 것을….

참견(參見)과 참여(參與)의
미묘한 경계

 '참견(參見)'이라는 단어를 포털 검색란에서 찾아봤더니 자기와 별로 관계가 없는 일이나 말 따위에 끼어들어 쓸데없이 아는 체하거나 '이래라 저래라 하다'라고 쓰여 있었고, 두 번째 '참여(參與)'라는 단어도 같은 방법으로 검색을 해 보았더니 해석은 '어떤 일에 끼어들어 관계함'이라

고 쓰여 있었다.

해석 그대로를 받아들이자니 유쾌한 어감은 아니어서 '참여정부·참여시민을 부르짖을 때의 어감은 이게 아닐 텐데….' 하는 생각이 들면서 얼마 전 있었던 작은 사건(?)을 떠올리게 되었다.

우리 사회는 점점 열림을 향한 소통을 지향하고 각 지자체는 '함께'라는 '캐치프레이즈(Catchphrase)'를 각자의 방법으로 실행하고 있다. 심지어, 주민자치제를 실현하는 주민 직접 참여의 운영으로 민관을 분리해 관료 중심의 중앙집권적인 지방자치를 배제하고 주민이 지방자치의 주체가 되는 정치적 의미의 자치행정 '풀뿌리민주주의', 즉 주민의 자치능력을 중요시하는 민주적이고 지방분권적인 지방 제도를 실행하고 있다.

지방분권에 따른 지방자치가 아직은 노련하지도 익숙하지도 않아 자치제 운영에 대해 관(官)도 민(民)도 아직 시행착오와 소란스러운 마찰을 빚는 마을도 많겠지만, 우리 지방자치는 그런 과정을 거쳐 점점 '민관(民官) 함께'라는 캐치프레이즈를 완성시켜 나갈 것을 목적하는 것이다.

아직은 '익숙하지 않음의 사례'라고 인정해야 할 사건이 하나 있었다. 특정 지역에 참여하는 일이 있어서 함께 이야기를 나누다가 해당 기관장으로부터 황당한 표현을 듣게 되어 며칠 동안 불쾌한 마음을 조절하

기가 쉽지 않았다. 해당 기관장의 말을 그대로 표현하자면,

"아니, 남의 읍정에 왜 참견을 하세요? 이 동네 살지도 않으시잖아요. 그리고 지역구도 여기가 아니잖아요. 우리 읍은 그럴 계획이 없습니다."

웬만한 '멘탈'의 소유자가 아니면 사실 '감당하기 어려운 감정'이었을 것이다. "그런 게 아닌데… 아니 그게…." 이런 읊조림 같은 설명을 하려다가 도저히 입이 떨어지지 않아 얼굴만 붉으락푸르락하고 말아 버린 사례였다.

그 말이 맞기도 하다. 단순하게 그 동네의 일이기만 하다면…. 그러나 그 일은 지역경제 활성화와 직결되는 내용이기도 하고, 거주민들에게도 기간 내에 근무자들이 칭찬받을 만한 발자취의 기록을 남길 뿐 아니라 가장 중요한 것은 해당 지역의 가치를 높이는 내용이었다. 고로, 그 말을 기관장을 수행하는 공무원의 입을 통해 들어야 할 말은 아닌 것이었다. 아직 주민 참여의 자치 운영에 적응하지 못한 관(官)의 모습을 그대로 보여 주는 듯했다.

'함께'라는 캐치 플레이의 완성은 오랫동안 관료주의에 익숙했던 견고함에서 소통을 통해 열림을 수련하여 유연함을 가졌을 때 완성되는 것은 아닐까? 자신이 가진 관료주의의 견고함이 소통을 거부하고 있는 것은 아닐지 한 번쯤은 생각해 봐야 할 일이다. 작은 마을의 기관장의 입을 통해 들은 '참견'이라는 단어는 자신과 같은 처지의 많은 공무원에게 행정 공무원들의 이미지 프레임을 만들어 주는 행동이 되었을 것이다.

해당 사례를 통해 참견(參見)과 참여(參與)의 미묘한 경계를 되새겨 보는 계기도 되었지만, 아직은 갈 길이 먼 지방자치에 필수인 주민자치의 더딘 성장을 보게 되는 우리가 늘 외치고 있는 견고한 소통의 장애물을 느끼게 됐다.

오송 지하차도 참사(慘事)
희생자들의 명복(冥福)을 빕니다

▶▶

연일 오송 지하차도 붕괴 복구 뉴스와 수재민들의 피해 상황이 보도된다. 청주에서 3일 동안 강연이 있어 3일은 머물 예정인데, 도착 당일부터 눈에 띄는 애도 현수막들을 청주 곳곳에서 만날 수 있었다. 뉴스를 전혀 보지 않았어도 수해 참사를 알 수 있을 분위기가 청주시 내의

애도 현수막들에서 이미 조성되고 있었다.

강연 2일 차 수업을 마치고 두 분의 교육생이 조심스레 다가오더니, 내일 수해 복구 봉사를 가야 해서 아쉽게도 마지막 강의에 결석해야 한다며 언제 또 강의가 있는지를 묻는다. 충분하게 알 수 있는 수해도시의 시민 참여에 어쩔 수 없다며 청주에 거주하는 봉사자들이니 봉사 현장이 오송 수해 복구 현장 또는 청주 일대의 피해 지역일 거라는 생각으로 "청주 현장이라 다들 많이 가시겠네요." 했더니 "이상하게 괴산이라네요."라며 손사래를 치며 볼멘소리를 낸다.

내년이 총선이라 그런지 유독 봉사 접수자들이 많아서 다른 지역으로 가야 한다는데 '언뜻 들어도 그럴 것이다'라는 이해를 부르는 불평이다. 공식적인 타지 자원봉사단들이 참여하는 복구 활동이 언론에 많이 언급돼야 누군가에게는 도움이 되는 건지…. 참으로 아이러니하다.

물론, 이미 수해 보도를 지나 참사 보도까지도 나간 마당에 많은 이들이 걱정하고 궁금해할 '알 권리'를 위한 언론의 역할은 필요하겠지만, 이미 지역 활동 중이고 수해 지역의 지형 및 지역 정서에 익숙한 봉사자들의 참여가 훨씬 복구에 효율적이지 않을까 하는 생각이 무지해지는 순간이다.

어이없게도 청주 내의 봉사단체는 타 지역으로 보내면서 타 지역의 봉사단체는 수해 지역의 복구 작업 봉사에 참여하는 참 아이러니한 '참여의 실태'는 누가 봐도 고개를 가로젓게 만든다. 어쩌면 수재민 또는 희생자가 옆 동네에 사는 친척이었을지도 모르고, 또 어쩌면 옆 동네에 살고 있는 친구였을 수도 있는 동일 인근 지역의 봉사 참여를 독려해 '우리'라는 명분을 피부로 느낄 수 있는 참여였을 텐데….

지역 봉사자들의 참여를 지양시키고 언론 노출을 위한 명분의 타 지자체 단체 참여 사진들로 장식되는 것이 과연 수재민들에게 얼마나 위안이 되고 도움이 됐을까? 그런 우려 섞인 오지랖이 움직였다.

지역의 크고 작은 언론들은 지자체들의 봉사단체들이 수해 복구를 다녀왔노라는 내용의 기사와 정치인들의 수해 복구 촬영 사진들을 앞다퉈 쏟아 내고 있다. 이것이 바로 대한민국 언론의 현주소가 아닌가 하는 주제넘은 쓰디쓴 생각에 마음이 무거워졌다.

오늘, 평소 원만하게 교류하던 지자체에서도 자원봉사단체가 버스에 올랐다는 소식을 전해 왔다. 자연재해나 인명사고가 그분들의 명분으로 만들어지는 것처럼 늘 반복되는 현상들이지만 이럴 때마다 소중한 목숨들이 정치 분쟁으로 이용되어야 하나 하는 안타까운 마음이 드는 건 어쩔 수 없는 과정인 것 같다.

무엇을 하든 명분이라는 것은 정말 중요하지만 참사 희생자들의 명복을 비는 현수막보다는 현실적으로 지역민들이 공감하고 참여할 수 있는, 남의 일이 아닌 '우리'라는 명분으로 만들었을 때 유권자들의 마음은 더 움직이는 것이라는 생각을 말하고 싶다.

글을 맺으며, 수재민들의 빠른 복구로 일상생활 복귀를 응원하며 희생자들의 명복(冥福)을 빕니다.

소통(communication)이 필요한
주민자치

▶▶

  각 마을마다 주민총회가 열리고 있다. 마을마다 정해진 시기에 '풀뿌리민주주의 정신을 잇는다'는 주민들이 직접 발굴한 의제들을 투표해 발표하는, 그러니까 주민들의 가장 큰 축제 행사 시기다. 즉, 주민자치 활동의 가장 큰 꽃을 피워 내는 활동의 행사들이 각 마을마다 이루어지고 있다.

그런데 주민자치라고 하기에는 조금 아이러니한 일들도 없지 않다. 분명, 주민자치라고 했는데 다양한 의제 속 '거름망'의 역할을 하는 기능은 왜 관(官)이 되어야 할까?

물론, 아직은 자리 잡히지 않은 주민들의 참여의제나 자치활동을 지원하고 돕는 관 입장에서 볼 때 부족하고 기울어져 있을 수 있다. 하지만, 주민들이 직접 나서서 우리 마을에 필요한 의제를 발굴해 그 의제를 수행해 나가는 과정을 통해 주민 간 소통을 실현하는 과정에서 이웃이라는 정(情)을 쌓아 가고 이를 공동의 과제로 동행하는 자치활동을 하는 순수성이 바로 주민자치가 아닐까?

의제가 반드시 지속적인 의제만일 필요는 없다. 마을에 따라서는 마트에서 한시적인 상품으로 영업이익을 올리듯 단발성의 획기적인 의제로 소통할 수밖에 없게 하는 발굴 참여가 급선무인 마을도 있을 것이다. 준비되지 않은 시작 단계에 주민 간의 삐걱거림이 소통으로 향하도록 돕는 역할이 된다면 더할 나위 없이 좋으련만, 의제의 지속성이 마치 필수조건인 것처럼 부담을 가져 주민들의 참여가 머뭇거릴 수밖에 없는 주민자치가 된다면 이는 자치라고 표현할 수는 없을 것 같다.

또한, 마을마다 다른 의제로 독창적일 필요도 없다. 옆 동네에서 다

루었던 의제의 벤치마킹(bench-marking)을 통해 긍정적인 효과로 개발하고 마을 간의 경쟁이 아닌 진정성 있는 교류와 협업 또한 가능해지지 않을까? 어찌 됐든 주민자치라 함은 주민들이 직접 발굴하는 의제들을 함께 공유하고 함께 수행해 나가는 것에 마을의 공동의제로 돼야 하는 과정인 점을 잊어서는 안 될 것이다.

어떤 일이든 변화의 과정에는 수행의 효과와는 다른 피로도가 쌓일 수밖에 없는 법. 주민들의 대표로 나서 주민자치회원으로 활동하시는 소중한 참여자들의 '마을에 대한 관심'들이 자유스럽게 내 거주지에 필요한 의제로 발굴될 수 있도록 동기 부여를 하는 역할이 바로 주민자치의 건강한 활동을 지원하는 활동이 아닐까? 그것이야말로 땡볕에 노출된 농작물에 단비 역할이 될 거라는 주제넘은 생각을 해 본다.

말 그대로 자치적인 주민들의 건강한 독립이 시급하다는 생각이 들어 주민총회를 끝낸 어느 마을의 참여자의 무게 실린 한숨의 피로감을 들으며 든 아쉬움을 글에 옮겨 본다. 부디, '조금 이른 지방분권의 통증'이 준비되지 않은 주민자치의 진입에서 만나게 되는 불협화음이 건강한 주민 참여, 소통하는 마을 의제로 '공동체의 꽃'을 피우려는 과정에 건강한 개입과 바람직한 통제(control)의 동행이 소통이길 바라 본다.

결국 마을공동체는 개인의 소유일 수도 없고 공동의 목적을 지닌 풀뿌리민주주의 정신의 직접참여로 발전돼야 할 것이므로 그 공통의 지향점이 누군가의 다름으로 잠시 이탈했더라도 틀림이 아님을 인정해서 다시금 제자리로 돌아올 수 있도록 주민들 간의 건강한 소통의 창구가 되어야 할 것이다. 이러한 마을들의 피로도를 만날 때, 우리는 소통이라 말하고 있지만 개인의 주장에 아직은 더 마음이 실리기 때문일 것이다.

우리 이제 함께 실현하는 건강한 독립의 주민자치의 소통이 절실한 때이다.

관계에서만 빛이 나는
참여의식(參與意識)

    지난 늦여름, 비가 많이 와서인지 속도를 내는 도로에 작지 않은 크기의 홈이 패었다. 학교나 연구실에 가기 위해 매일 지나는 길인데 위험하다 생각해 살짝 피해 다니며 "저러다 작은 사고라도 나겠는 걸?" 혼잣말로 읊조렸다.

그러다가 조만간 누군가는 신고를 하거나 제보를 했을 수도 있다는 막연한 참여의식을 기대하며 출근을 하던 어느 날, 앞에 가던 차가 '펑~' 소리와 함께 '우당탕탕~' 소리를 내며 타이어가 펑크 났다. 해당 기관에 "그 길을 매일 이용하는 데 좀 위험해 보이니 나와 보셔야 할 것 같습니다."라고 전화 신고를 했지만 그 길은 여전히 2개월여가 다 되어가도록 그대로였다.

그러던 지난주, 사진 한 장과 메시지가 도착해 확인해 보니 공중파 방송에 우연히 몇 마디 출연한 것을 본 해당 지역의 기초의원께서 "반갑다."며 방송 장면을 찍어 보낸 것이다. 이때다 싶은 마음이 있어 전에 찍어 둔 사진을 보내 "이걸 해당 기관에 신고를 해도 지금까지도 그대로인데 어디에 신고해야 할까요?"라고 물었더니 "제가 처리하겠습니다. 위험하겠네요."라더니 그다음 날 바로 "해당 부서에 조치하겠다."는 답변을 보내왔다.

요즘 같은 이런저런 갑질 논란 및 불편한 소식들을 듣고 있던 참에 시민들의 소리에 귀 기울이고 바로 행동하는 그분의 모습을 보니 참 마음이 흐뭇해졌다. 하여, 그 내용을 알고 있는 그 지역의 언론에 제보했으나 "아, 그래요?"로 끝이었다.

늘 이야기하는 참여의식을 촉진하는 참여정부 · 참여시민…. 우리가 해야 하는 참여는 할 사람이 정해 있는 건가? 해당 기초의원과 각별한 관계가 아니니, 또는 자기들이 지나다니는 길이 아니니 자신은 참여하

지 않아도 되고 상관없다는 식으로 방관해도 되는 걸까?

언제부턴가 우리는 관계에서 많은 일들을 시작하고 관계가 우선된 그림을 그리고 있다. 하물며, 독자들의 알 권리에 초점이 맞춰져야 할 언론마저도 알 권리가 아닌 알려 줄 권리를 행하고 있는 것이다. 물론, 제보가 없거나 몰라서 못하는 경우가 많겠지만 제보를 드렸음에도 이런저런 이유로 오히려 중재를 해서 협상을 하게 하려는 역할까지도 종종 보게 될 때는 참으로 안타깝다.

당연하지만 필요한 활동으로 바로 움직여 준 기초의원들에게 고착화된 이미지를 벗겨 지역에 참여하는 시발점을 만들어 주는 것도 어쩌면 지역 언론의 작은 역할이 될 수도 있다는 것이 내 생각이다.

언젠가는 영화 촬영 장소로 그 지역의 관광명소가 돼 자국민들뿐만 아니라 해외에서까지도 많은 관광객들의 방문으로 관광 수익을 무수히 올리고 있는 곳의 안내판에 오타가 있어서 신고를 했더니, 담당기관의 엉뚱한 대응으로 문제가 되었을 때 그 지역 언론마저도 수정보다는 협상을 유도했던 담담한 기억이 있다.

그러고 보면 언론뿐이겠는가? 각 직능단체 및 유관단체들도 비슷한 경우일 것이다. 관계, 알고 보면 그것이 오히려 족쇄가 돼 아무 관련이 없음에도 오해가 빚어지는 일들도 다반사이다. 이런 사례들로 봤을 때, 모든 관계에서 친해지기 위해 수고를 해야 하는 것이 답안지이기도 하다.

어찌 사람의 마음이 앞선 고착화된 이미지와 유권 관계의 틈을 뚫기가 쉬운 일이겠느냐마는, 밉다고 잘한 것마저도 모른 체하기보다는 민심으로부터 선출된 입장이니 잘한 건 잘했다, 아무리 친해도 잘못된 건 잘못했다는 사고의 정체성을 발휘해 줬으면 한다.

하기 좋은 말
"우리 것이 좋은 것이여!"

▶▶

들녘마다 만나는 가을이 수확을 의미하는 '노르스름한 갈색'의 농산물들과 길가를 어지럽히는 낙엽들이 부산해진 시기에 맞춰 각 지자체의 행사들도 넘쳐난다. 누군 울고, 누군 웃는, 농부들의 수확량에 따라 나눠지는 희비(喜悲)가 확연해지는 시기에 맞춰 각 지자체에서 행해지

는 문화예술 행사를 기다렸던 지역 예술인들의 빈부 격차를 고스란히 느낄 수 있는 시기가 바로 지금이 아닌가 싶다.

농부가 봄과 여름 씨앗 파종과 불볕더위의 애로를 다 이겨 내고 수확의 계절에 풍만해질 마음처럼 문화예술인들도 코로나의 시기를 견뎌내고 행사 철이 되면 나아질 거라는 희망들로 하루하루를 이어 왔겠지만, 그마저도 그들에게는 배고픈 기다림이다.

지금까지는 방송을 통해 얼굴 노출이 많았던 이들의 행사가 잦아 시간 다툼을 하는 꿈같은 계절이라면, 최근 각 방송사마다 이어지는 시청률을 겨냥한 트로트 경연 프로그램들에서 배출된 신인들의 '팬덤'이 새로운 패러다임을 형성하면서 각 지자체의 선택 방향이 정해지고 있는 실정이다.

언제부터인가 우리 정서는 소박한 행복을 교육을 통해 알고 '작은 것에 만족한다'는 과정을 찾아야 하는 시대가 와 버린, 어쩌면 이 또한 4차 산업혁명의 문제점이 아닐까 싶다. 넘쳐나는 데이터의 홍수 안에서 선택의 폭이 넓어졌지만 '집중의 폭'은 좁아진, 즉 몰림 현상이 속출되고 있다는 것이다.

그러다 보니 노출되는 선택 대상들에게서 만족을 느끼고, 그 선택 또한 몰림 현상으로 인한 군중심리가 작용하다 보니 아마도 그 군중심리의 움직임을 지자체는 행사 주관의 성공과 실패를 가르는 요소인 양 착각하는 오류마저도 미처 깨닫지 못하는 것 같다. 언제부터인가 지역 정서를 기만하는 '높은 개런티'를 감당해 내야 하는 행사를 했을 때 "잘했다"라는 평가가 있다는 착각을 하곤 한다.

하지만 과연 그럴까? 지자체의 행사는 지역민들의 정서와 교류되어야 하고, 그들로 하여금 설득력 있는 예산의 쓰임이어야지, 한낮 지나는 소나기처럼 한번 맛보고, 맛보기 어렵고 먹기 어려운 음식을 먹는 지역민들의 단순한 회포 풀기인지, 또 해마다 정기적으로 이어져야 하는 지속성을 갖춘 행사인지, 또는 지역의 특성을 알리거나 기념하는 행사인지 등 명분의 주소가 필요함을 알아야 할 것이다.

설사 이것을 지역민들이 미처 깨닫지 못하더라도 집행 기관 및 행사 주관처는 이를 인지할 수 있어야 한다. 늘 지역 예산 집행 불만들을 마주하는 입장에서 지역민들에게 예산 집행의 이유와 혈세 운운하는 불만을 가질 것이라면 처음부터 지역의 특성에 맞는 기대의 "잘했다" 혹은 "못했다"의 기준 평가가 따라야 한다는 것이다.

결국, 지역의 예산들이 집행되는 행사에 '누가 하면 옳고 누가 하면 틀렸다'의 속성이 고스란히 보이는 '지역 행사 몰림 현상'으로 인한 선택으로 특별한 이유 없이 가장 가까운 이웃을 배고프게 해서는 안 된다는 생각이다. 그나마도 지역 인사들의 인맥 형성이 잘돼 있는 이들은 서러움을 조금은 모면하겠지만, 그렇지 못한 예술인들의 목마름은 현실인 것이다.

쏟아지는 지역 행사들의 홍수 안에 동네마다 비슷비슷한 행사들에 얼마나 현실적인 반영이 될지 모르겠지만, 우리나라의 지방분권에 따른 지방자치의 유사 행사들이 동시에 '따라 하기식'으로 치러지기보다는 약간의 자율성과 지역의 특성들이 존중돼 채워지길 기대해 본다. 그리하여 짧지 않은 시간 동안 자신들이 쏟아 온 지역의 문화예술인들의 에너지가 작은 메아리라도 듣고 자신의 활동 지역에 애착을 가질 수 있는 동기 부여로 수확의 계절인 가을 지역 행사가 발휘되길 바라본다.

"우리 것이 좋은 것이여"의 참뜻을 헤아리며, 유명하지 않아도 진심을 담아 절실한 마음으로 지역에서 활동하는 이들의 진정성을 투영해 보는 혜안이 우리 모두에게 필요할 것이다.

③

불편한 의자

지금 대한민국은
비속어(卑俗語) 천지

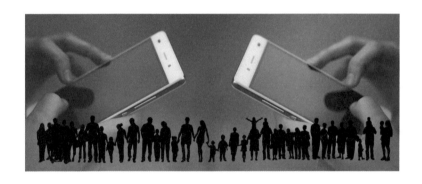

평소 잠이 오지 않는 시간에는 잠자리에 누워 스마트폰의 SNS(Social Networking Servece) 세상으로 입장한다. 눈살을 찌푸리게 하는 지나치다 싶은 욕설이 있어 읽어 보니 내용으로는 설득력도 있고 타당성 있는 합리적 내용이었다.

'어차피 누구나가 볼 수 있게 게시한 전체 공개의 글이라면, 이 좋은 내용의 생각들을 비속어를 사용하지 않고 정돈했으면 얼마나 좋았을까? 누가 읽어도 이해가 될 법한 설득력 있는 이 글들을 조금만 신경 써서 개인적인 감정 섞인 욕설을 참아 줬으면 정말 좋았겠다.'

아쉬움이 들어 몇 번이나 읽고 또 읽어 내려가며 아쉬워했다. 이에 대해 혹자는 그럴 것이다. "싫으면 안 보면 되지." 또는 "어차피 개인의 페이지인데 뭐?" 하지만 필자는 그렇게만 생각하지는 않는다. 개인 페이지에 게시를 했더라도 읽는 팔로워들로부터 눈살을 찌푸릴, 그리고 비속어의 선택 하나로 본인이 평가받을 수 있다는 생각도 해야 한다는 것이 필자의 논리이다.

개인이 갖는 '정치적인 기준의 판단'은 존중받을 수 있지만, 굳이 감정까지 드러내며 공개된 공간에 지나친 비속어를 사용해 다른 이들에게 평가받을 필요는 없다는 것이다.

"저 사람이 나이가 어느 정도지?" 하고 확인해 보는 경우도 있고, 가끔은 나이가 들어도 저렇게 열정적인 영웅 심리의 꿈틀거림이 보이는 과장된 표현에 놀라는 일이 요즘 SNS를 보면서 자주 있는 일이다. 최소한 우리는 기본 교육과 예의범절(禮儀凡節)을 배운 사람들 아닌가?

감히 밝히자면, 필자는 고인이 되신 故 노무현 대통령을 선거 당시 투표하지는 않았다. 하지만 그분의 갑작스런 부고에 길거리에 세워 둔 분향소를 찾아 조문한 적이 있었다. 그때 친한 후배가 눈을 동그랗게 뜨고 "선배에게 그런 사상이 있는 사람인지 몰랐어." 하며 놀랐었다.

필자 생각은 내 나라의 대통령이었던 분의 분향소가 가까운 곳에 있었고, '국민으로서 도리'라는 생각이 정치색 없는 내게 자연스럽게 발걸음을 이끌었기 때문이었다. 물론, 지금 생각하면 그쪽에 전혀 관심이 없던 내게 뜬금없는 행동이었기도 했지만, 가끔 그런 이유로 오해를 받기도 했었다.

그처럼 왜 사람들이 이렇게 자신과 다른 정치적 이념을 가졌다 해서 욕을 들어야 하고, 자신의 정치적 이념으로 거친 표현을 해야 할까? 우리가 배운 '기준'이란 것은 기본이 되는 표준의 선이 아닌가? 그렇다면 우리는 그 기본 된 선을 적당히 조절할 줄 알아야 한다.

이 표현들은 비단 SNS에서뿐만이 아니라 일상생활에서도 쓰인다.

지인들과의 대화에서도 '놈(音)'으로 시작하는 서슴없는 욕설'들이 거침없이 쏟아져 나오는 대화는 듣는 귀가 불편할 때가 자주 있다. 나름의 당위성을 주장하며 내뱉는 말들이지만 억측으로 끌어가려는 소위 '언론 플레이에 좌우되는 힘없는 국민의 모습'이라는 주제넘은 생각이 들 때가 그런 대화 속에 빈번히 든다.

평소 정말 점잖고 좋은 이미지로 알고 있던 분과의 정치적인 신념이 보이는 대화 시 거침없는 비속어를 듣게 되면 간혹 "내가 알고 있던 분이 맞나?" 하는 의심이 들 때가 있을 정도로 대한민국은 비속어(卑俗語) 천지다. 사회활동을 하다 보면 어른들도 계시지만 자신을 보고 있는 후배들도 있다는 점을 생각해 조절할 줄 아는 절제된 언행은 필요하다고 말하고 싶다.

사람이 살아가면서 갖는 신념은 정말 중요하지만 온라인이나 오프라인 세상에서 자신의 감정으로 거친 비속어를 표현한다고 해서 따라오는 것은 결국 자신이 타인에게 '이런 사람이다'라고 알리는 결과밖에 되지 않는 경우가 많다. 이왕이면 성숙한 기준을 갖는 표현과 활동으로 '듣기 힘든 비속어'들로부터 벗어나 아름다운 표현으로 '비속어 천국'에서 벗어날 수 있길 바라본다.

변화(變化)를 하려거든
상대(相對)를 읽어라

▶▶

막을 내린 '제8대 전국동시지방선거'. 이때는 지역의 지인들과 만나게 되면 자연스레 묻게 되는 "투표하셨어요?"라는 말이 인사를 대신하는 시기다. 그와 함께 'SNS 공해'라는 신조어가 생겨날 정도로 유권자들의 선거운동 참여도는 많은 이들의 피로도를 최고조로 올려놓을 정

도였다.

그러나 페이스북 등에 피드를 하는 경우가 많은 양에 비해, 3개월 전인 '제20대 대통령 선거'보다 이번 지방선거의 투표 참여도는 현저히 낮았다. 유독 유권자들의 관심은 최고였지만, 투표 참여율은 50.9%라는 낮은 투표율을 기록했고, 그중에서도 파주시의 투표율은 낮은 46.4%였다. '짧지만 길게만 느껴졌던 선거' 기간의 소란스러움에 비해 '풀뿌리민주주의'라는 '지방자치 분권'에 대한 낮은 참여가 파주시 유권자들의 현주소라는 생각이 들었다.

1995년 6월 27일 우리나라 선거 사상 처음으로 지방자치단체장 선거를 포함한 지방선거가 전국 동시에 실시됐다. 정확하게는 '제1회 전국동시지방선거'였다. 이 선거에서 투표율은 60.2%였다. '제7회 지방선거' 투표율에 비해 점점 낮아만 가는 원인을 분석하고 대처하는 것도 '시급한 공약으로 들어갔어야 하나?' 하는 생각이 들 정도이다.

어쩌면 이번 지방선거의 낮은 참여 수치는 정치에 대한 불신과 불만으로 인해 참여하지 않는 유권자들의 의도적 행동과 생각 없이 공보 자료를 제대로 읽어 보지도 않고 참여하는 '무성의 투표' 참여가 빚어낸 결과가 아닐까 싶다. 이것이 바로 지금의 지방자치 선거의 현주소인 것이다.

소란스러웠던 선거 기간의 분위기에 비해 현실적인 참여율은 역대

가장 높은 참여율을 기록할 것 같았지만, 점점 낮아지는 현상은 부분적으로는 '지방 자치분권'이라는 '풀뿌리민주주의'의 모순됨의 소심한 표현임을 내뱉어 본다.

'이런 숫자를 기록하려고 그리도 서로 공격하고 가까운 이들과의 불협화음의 지역 선거문화를 조성해 댔던가?' 하는 회한 같은 원망이 들기도 한다는 것이 관심 있는 지역 유권자들의 소리다. 그리도 많이 언급됐던 '성숙한 선거문화'라는 말과 '건강한 유권 의식'은 이미 길을 잃고 '주소 불분명의 정체성'을 보여 준 것이다.

이쯤에서 우리는 '왜?'라는 관심을 갖지 않을 수 없다. 그 '왜?'의 해결은 누가 아닌 우리 유권자들에게 주어진 과제일 것이다. 불만은 해결이라는 방법으로 가기 위한 길목이다. 그 길목에서 우리는 그 시작의 소리에 대해 경청의 기술을 연구해 봐야 할 것이다.

'경청'. 화려한 말솜씨보다는 존중의 귀 기울임인 '경청'만이 '사람의 마음을 열어 준다는 그 한마디에 무게를 실어 나와 다른 생각의 합리를 존중해야 할 것이다. 나와 다름은 내게 또 다른 깨달음의 귀한 기회임을 인정하고, 미리 나와 다른 문화를 배척하고 선을 그어 버리는 실수를 저질러서는 안 될 것이다. 지금의 인간관계를 넘어서 모든 일의 시작과 끝은 인간관계에서 시작돼 결론이 난다는 가장 기본적인 현실을 깨닫길 바란다.

'변화는 상대를 알아야 가능하다.'

이를 기본 바탕으로 '무조건'이라는 '아집의 껍데기'를 탈피해야 할 때가 지금이다. 우리가 필요로 하는 변화는 정치인이나 유권자 모두가 관심을 가져야 하는 어젠다(Agenda)인 것이다.

'변화를 하려거든 상대를 읽어라.'

그 과정에서 내가 가진 아집의 기준 오류를 발견할 수 있다면, 그처럼 성숙한 경청의 기술은 이미 변화가 보장된 것이리라. 이제 '제8대 전국동시지방선거'의 분위기에서 복귀, 일상으로 돌아와 자신의 그림자를 돌아보고 다음 그려야 할 유권자의 의무인 지역 주민으로서의 작은 한마디와 권리에 자신 있어지는 시작을 하는 것이 바로 참변화를 받아들일 준비를 하기 위한 일상으로의 복귀(復歸)의 용기(勇氣)인 것이다.

정해진 것처럼 등장하는
평지돌출(平地突出)

　우연히 집어 든 일간지 인물기사에 익숙한 얼굴이 있었다. 읽어 내려가기 시작한 기사에는 이름 세 글자만 듣더라도 모르는 사람이 없을 만한 이의 일종의 성공기였다.

우리 사회의 관심사는 언젠가부터 감동을 하는 내용이 누구 할 것 없이 비슷비슷한 프레임으로 만들어져 가고 있다. 그러다 보니 정치인들도 연예인들도 간혹 빛나는 직분이라도 얻게 된다면 지난 과거에 언제부턴가 지나온 행적에 '메이크업'을 하기 시작했다.

뭔가 더 자극적이고, 독특해야 하고, 더 감동을 자아내야 하는 노력의 발자취가 아닌 경험이 되어 시나리오처럼 만들어지고 있는 프레임들에 우리는 환호하고 열광하고 막연한 인정을 하다가 혹여라도 어떤 사건이 발생하게 되면 너무 쉽게 돌아서서 거침없는 표현들을 쏟아 내곤 한다.

평범하면 안 되나? 평탄하게 성장하고 평범하게 살아온 날들이 마치 부끄러운 과거라도 되는 양 '정말 어려운 과정을 지나 현재의 자리에 올랐노라'의 그럴싸한 시나리오들이 공영방송의 등용문처럼 등장하고 있다. '누가 더 극적인가? 누구를 더 자극적으로 보이게 할 것인가?'의 기준들이 난무하면서 점점 활발해진 네거티브 군단들의 인간적인 판단마저도 상실되어 가는 현실. 마치 정의감에 타오르는 투사처럼 남의 과거를 파헤쳐 본인의 진실 된 입장은 들어 보지도 않고 정보라는 명분으로 각 SNS 등에 서슴없이 유출하고 있다.

과거에 좀 여유 있게 살다가 잘되면 그게 무슨 문제란 말인가? '개천에서 용 났다'는 말을 들어야만 사람들에게 관심을 받고 감성을 자극할 수 있는 것인가? 왕년에 잘나가지 않은 사람 없는 것처럼 지난날에 그

저 바르게만 살다가 현재의 반열에 오른다면 오히려 지난 과거의 비교군이 없는 이유도, 상대적인 효과도 낮지 않을까?

그것이 누구를 해하기 위한 고의적인 목적으로만 아니었다면 지난날을 반성하고 '개과천선(改過遷善)'해서 더욱더 사회를 이롭게 하는 활동으로 이어진다면 더할 나위 없지 않은가? 반대로 과거에도 나빴지만 현재에서 미래까지도 사회에 해로움을 줄 것이라면, 이건 분명 지탄받아야 마땅하다.

'이제 우리는 변화를 바란다'는 말을 하면서 누군가를 바라보는 평가가 담긴 시각의 기준은 변화를 받아들일 준비가 되어 있는지 생각해 볼일이다. 평가 기준의 변화가 성숙해졌을 때 기간마다 치러지는 선거 기간이나 갑자기 스타가 되는 연예인들의 메이크업 되는 프레임도 변화라는 현실과 어우러질 것이다. 또, 건강한 사고로의 잣대 정립을 통해 '성장'이라는 표현으로 사회적 가치로 나타날 것이다.

새로운 민선 8기가 시작됐다. 민심까지 동요되는 분명하지 않은 무분별한 분위기를 체감하며 "불통을 행하고 소통이라 쓴다."는 말이 유명무실해지도록 '소통이 동반되는 탄력 운영'의 기대를 살짝 내비쳐 본다. 평지돌출(平地突出)의 프레임보다도 늘 가까이에서 서로 이웃으로 가치를 키워 '함께'라는 완성에 동행하는 우리가 되는 것이 가장 아름다운 성공의 가치(價値)일 것이다.

팬데믹 시대와 대선
그리고 '시작'이라는 희망 촉진

▶▶

　2022년 임인년(壬寅年) 새해가 밝았다. 무엇인가 시작할 수 있다는 희망 섞인 글귀들과 희망 가득함을 찾아보려 애쓰지만 2년여의 팬데믹(Pandemic)은 많은 사람들의 생활 패턴을 바꾸기에 충분했다.

비단, 생활 패턴뿐 아니라 사고력까지도 침투해 향후 계획을 하는 것까지도 여간 성가신 게 아니다. 이젠 우리가 향후 계획이나 근거리의 시간에 작은 활동을 함에도 '거리 두기 지침'을 준수한 동선과 행사 유형을 만들어야 한다.

그렇듯 팬데믹으로 인한 사회의 흐름도 올해 3월 대선과 관련한 모든 활동을 염두에 두고 하다 보니 지금까지의 선거운동에 비해 노출과 비노출의 수위가 분명해졌다고 해도 과언이 아닐 것이다. 어쩔 수 없이 사람이 만나서 해야 하는 일이다 보니 어겨서는 안 되겠지만, 알면서도 지켜지지 않거나 속아 주며 '거리 두기'를 실행하지 않는 일들도 비일비재하다.

사실, 사람들이 만나는 모임의 장소에 인원 제한이 미치는 영향이 과연 얼마나 될까를 질문해 보면, 많은 사람들이 "아무 관계가 없는 것 같다."라고 대답한다. 그럼에도 우리가 방역 지침을 지켜야 할 수밖에 없는 규범에는 반드시 이유가 있는 법. 그렇게라도 해서 사회적인 질서를 바로잡아 경각심을 주고자 함이 우선돼 있을 것이다.

또한 '슈퍼 전파자'라는 수식어를 만든 많은 종교단체, 클럽, 노래방, 군부대, 학교 등등의 해당 장소들이 '우리와는 아무 관련이 없다'는 반응이 정당성을 갖지 못한다는 것을 보여 줘야 하는 이유도 있을 것이다.

'위드 코로나' 발표와 함께 잠시 일상으로 돌아오는 듯했으나 코로나 확진자가 7천 명 대까지 급증하면서 강화된 거리 두기 지침이 다시 내려졌다. 새해가 되면서 서서히 회복될 것이라 기대했던 자영업자와 소상공인들에게는 이 작은 희망마저도 불투명한 실정이 됐다. 그뿐인가? 여느 때 같으면 '대목'이라는 수식어가 생겨야 할 크리스마스와 연말 매출도 모두 포기할 수밖에 없는 상황에서 새해를 맞는 소상공인과 자영업자들에게는 '희망'이라는 단어마저 사치가 돼 버렸다.

"조금만 참으세요. 위드 코로나 발표되면…."

이렇게 위로하던 그들에게 더 이상 할 말이 없어진 지자체의 해당 기관들의 입장도 그렇지만, 그와 함께 조금씩 회복세를 보이던 문화예술 분야의 행사들마저도 주춤하게 되는 상황까지 직면하게 된 것이다.

'위드 코로나' 발표가 그랬듯 소상공인들은 '시작'이라는 희망을 품었을 것이다. 그 '시작(始作)'은 무엇인가를 다시 해 보고자 하는 '촉진(促進)'이 돼 작용했을 터.

몇 차례 소상공인들의 지원정책이 어느 업종에는 힘이 되고, 또 어느 업종에는 억울함만 남게 되는, 없어서는 안 될 기준들의 지원이 있었지만 결국 음식을 취급하는 소상공인들은 배달서비스와 밀키트(Meal kit) 제품을 취급하지 않을 수 없게 된 상황에 그것마저도 해당 분야에 정보가 없거나 경험이 없는 소상공인들에게는 또 하나의 고비가 생긴

셈이다.

냉정하게 보자면 그것은 소상공인들에게도, 소비자들에게도 배달서비스의 지출을 불러오게 돼 결국 가계 지출 부담을 늘리는 결과를 초래하게 된다. 한 해가 바뀌고 많은 사람들은 임인년(壬寅年) '흑호랑이'의 기운으로 코로나도 물리치고 또 다른 희망이 우리에게 올 것이라 기대하지만, 그들의 마음속에 정말 그런 희망이 있을까?

아직은 장기화된 '팬데믹'의 수렁에서 허우적대는 시기다. 올해 3월 대선이 우리에게 '팬데믹'의 수렁에서 건져 줄 수는 없겠지만, 정부와 정치권이 할 수 있는 지원대책을 통한 희망만큼은 국민들에게 줄 수 있길 바라본다. 어느 후보가 당선되더라도 소상공인들과 자영업자, 일반 서민들에게 '시작(始作)'이라는 정권이 주는 '희망 촉진(促進)'만큼은 줄 수 있도록 우리 각자가 냉정하게 생각을 정립해 봐야 하지 않을까? 큰 욕심 부리지 않고 일한 만큼 벌겠다는 소소한 꿈을 가진 많은 국민들이 '희망'이라는 '특권'을 누릴 수 있도록….

듣는 이도 하는 이도
품위 없게 하는 비속어(卑俗語)

▶▶

"누구 찍을 거예요?"

하며 자연스럽게 나온 대화는 '무식한 놈', '도둑놈' 운운하는 '비속어'
로 점철된다. 이미 우리 사회에 익숙해져 버린 욕설(辱說) 정도는 거의 사회적인 언어의 범주를 넘어선 지 오래다.

우연히 자리하게 된 지인의 어린 자녀가 제20대 대통령 후보의 이름은 언급하며 "***은 바보래요."라는 표현을 서슴없이 하는 모습을 보고 눈이 동그래졌다. 어떻게 대통령 후보가 어린아이의 입에서조차 이리 표현이 되나 하는 생각이 앞서서였다.

3월 9일 있을 '제20대 대통령 선거'를 앞두고 유권자들이 갖는 권한은 내가 사는 나라의 대통령 후보를 잘 검토하고 결정해 '누구를 뽑을 것인가'를 결정하는 것이지, '아무 말 대잔치'로 그들을 표현하며 욕되게 할 필요는 없다. 언론의 자유, 표현의 자유가 유독 광범위하게 쓰이는 시기 또한 선거철이 아닌가 싶기도 하다.

듣기가 거북해 눈살이 찌푸려지더라도 표현을 하려 들면 '정당정치의 맹점'이 바로 날아온다. 자신이 지지하는 후보가 아니라면 공격적인 표현으로 동석한 사람들의 수준과 성격에 따라서는 자칫 말다툼으로 번지기도 하고, 괜한 거리 두기가 코로나가 아닌 정치적 신념에서 빚어지는 경우가 나타나기도 하는 안타까운 사례들이 잦아진다.

그들이 쏟아 내는 비속어는 지지 후보에 대한 자신의 생각일 뿐, 누구나의 일반적인 사고가 틀린 것이 아니라 다름인 것을 인정하는 성숙한 처신이 필요하다.

간혹, 정치적 신념이 다른 상대와 비즈니스 관계(乙)일 경우 반대 생각을 가져도 어쩔 수 없이 동조하는 경우가 있다. 하지만 결국은 돌아서서 '비속어 표현'으로 자신의 이미지만 거침없이 쏟아 내는 '정당 맹신의 이미지'를 입은 것은 아닌지 생각해 봐야 할 일이다. 자신의 소신으로 선택한 지지 정당의 선택을 누가 뭐라 하겠는가? 다만, 자신의 강한 정치 신념을 타인에게까지 욕설을 섞어 가며, 자신의 이미지 타격까지 감수하면서 드러낼 필요는 없다는 생각이다.

최근 만나는 사람마다 빠지지 않는 대화의 중점이고, SNS를 열게 되면 보고 싶지 않아도 보게 되는 지지하는 반대 정당의 후보들에게 쏟아 내는 게시물들로 사실 조금은 피곤한 생각마저 들 때도 있다. '선도(善道)한다'는 의미로 그렇게 강성의 표현을 하기도 한다지만 어찌 그렇게만 보이겠는가?

우리는 개인의 생각을 존중받고자 하는 욕구와 주변인들로부터 인정받고자 하는 욕구가 있음을 배웠고, 더불어 성숙한 욕구와 미성숙한 표현들에 대한 사고력도 배운 만큼 지나친 표현은 오히려 보는 이들에게 자신의 좋지 않은 이미지 형성만 될 뿐이라는 '자아(自我)'도 배웠다. 내 생각이 중요하고 존중받아야 하는 만큼 타인의 생각에 대해서도 중요하다 인식하고 존중해야 할 필요성이 있다.

문득, 스마트폰 SNS를 열자마자 만나게 되는 후보들에 대한 비난과 비하 표현들을 보면 자연스레 고개가 가로저어진다. '비속어(卑俗語)'의 사전적 의미는 다음과 같다.

예절에 어긋나게 대상을 낮추거나 품위 없는 천한 표현 또는 상스럽고 대상을 경멸하는 말.

아무리 옳은 말이더라도 평소 좋은 이미지로 알고 지내던 사람들이 대통령 후보들에 대해 언론에서 보고 들은 것만으로 함부로 욕설을 남발하거나 비하하는 표현을 한다면 품위 없어 보이는 것은 사실이다. 그렇게 하면서까지 자신의 이미지를 실추할 필요는 없다.

우리는 이미 '언론개혁'이라는 말을 수없이 뉴스를 통해서도 들어왔고, '검찰개혁'이라는 말도 수없이 들어온 성숙한 유권자들이기에 자신의 이미지를 해치는 활동보다는 차라리 정당과는 별개로 후보들을 숙고해 결정하는 '투표 권리 행사'를 하면 우리에게 투표는 진정한 축제가 될 것이다.

언론의 '아무 말 대잔치'로 인해 혼돈된 생각이 나와 다르다 하더라도 '그가 틀린 것이 아니라 다르다'라는 '가장 쉬운 접근'을 생각하는 성숙함이 동반되는 선거, 그리고 그런 유권자들의 모든 권리가 존중받는 사회이길 바란다.

누가 되도 같을 거라면
내가 한 선택에 후회를…

  2022년 3월 9일 '제20대 대통령 선거'를 앞두고 사람들이 하는 언쟁을 종종 볼 수 있다. 그 언쟁 속에서 '선거에 반드시 등장하는 인물'은 일일 연속극처럼 뻔하다는 표현이 쓰인다.

　그뿐인가? 내년 6월 1일 있을 '제8회 전국동시 지방선거'를 앞두고도 지지 정당의 정보가 이미 흘러나와 보이지 않는 '편 가르기 작업'이 시작됐다. '편을 갈라야만 경쟁 후보를 이길 수 있다는 속성에 의해 당의 승리라는 표현으로 쾌재를 부를 수 있다'는 건 매번 선거철만 되면 나오는 말이 돼 '당을 보지 말고 사람을 보고 뽑으라'던 공공연한 안내는 무의미해지고 당원 모집에 혈안이 돼 있다.

　그렇다면 당원 모집은 누가 하는가? 이 또한 참 재미있는 일이다. 각 당의 후보 조직들이 움직이고 있는 동선은 비슷비슷한 것 같다. 조용히 당원을 모집하고 선거캠프에서 함께할 적자를 추려해 보며 기득권 세력들을 만나 출마 의사를 내보인다. 그러면서 '힘이 돼 달라. 이번엔 정말 잘해 보자.'며 '승리'라는 단어로 의를 다진다. 그뿐인가? 그들은 벌써부터 '후보님' 내지는 '의원님'이라는 호칭을 '가불'해서 부르기도 한다.

"이번엔 좀 돼야지."라고 안타까워하는 '지지유권자'들의 소리를 위안 삼아 움직이는 정치인들이 있는가 하면, 선거 때마다 정해진 레이스처럼 얼굴을 내미는 '단골 출마자'들을 보면서 '고기도 먹어 본 이가 먹는다'는 우스갯소리를 하는 사람들의 말이 맞지 싶다. 그들은 드라마가 종영하고 또 다른 새 드라마에 등장해 시청률을 책임지는 '주연급 배우'들처럼 매번 익숙한 인물들이다.

간혹 "누가 되면 어떻고 누가 되면 어떠한가? 제발 서민들 잘살게만 좀 해 주면 좋겠다."는 시름 섞인 말들도 여전히 정해진 연속극 속 출연자들의 대사처럼 변함이 없다. 서민들 입장에서야 '등이라도 토닥여 주는 공약'을 내세운 후보에게 응당 마음이 기울게 마련이지만, 당을 보고 후보자를 선택하는 '정당정치의 맹점' 때문에 선거가 끝나고 때늦은 후회를 하는 경우도 종종 있다.

그렇다면 우린 왜 매번 같은 실수를 되풀이할까? 선거를 마치고 당선자의 플레이를 보고 실망을 하게 되는 경우도 있지만, 이미 낙선 후보에 대한 지지 게이지(Gauge)는 다시 끌어올리기에는 늦어 버린다. 또다시 '학연ㆍ지연의 고리'를 찾아 헤매게 되는 출마자의 속성은 '가만있으면 인적자원의 표심마저 다 놓치게 된다'는 표밭의 확보가 중요하리라.

이쯤에서 우린 유권자로서 미리 생각해 볼 일이다. '이번에 누가 될 것 같은지'보다 '이번엔 우리가 누굴 지도자로 만들 것인지'를…. 말뿐인 참여가 아닌 국민으로서의 소중한 '한 표 행사'의 권리를 어디에, 어떻게 쓸 것인지를….

요즘 "코로나 백신을 어떤 제품을 맞았냐?"를 묻듯 만나게 되면 묻는 "누가 될 것 같냐?"는 질문은 이제 우습다. 백신의 기능은 이미 알고 인정됐음에도 '언론들의 목적된 혼란'에 움직이는 순수함보다는 아직 남아 있는 시간에 움직이는 후보군들에 대한 충분한 검토와 관심으로 숙고해 일희일비(一喜一悲)하지 않는 성숙함이 필요할 때인 것 같다.

늘 선거가 끝나고 나면 나오는 말이 '누가 되도 다 똑같다'는 말들을 한다. 그럴 거라면 차라리 학연·지연이나 당에 따라 하는 선택보다 보람이든 후회든 자의에 의한 결정이 백번 옳지 않을까? 내년에 치러질 중요한 두 번의 선거는 그렇게 되었으면 좋겠다.

승리(勝利)와 패배(敗北)로 표현되는
제8대 전국동시지방선거

▶▶

　조금은 늦은 출근길. 일터로 가고 있는데 '제8대 지방선거'에 출마하는 한 후보의 유세 차량이 지원 유세와 함께 지나간다. 천천히 따라가며 그 내용을 듣는데 특별한 이유 없이 힘없는 웃음이 '괄약근 풀린 방귀'처럼 새어 나왔다. 정말 저 유세의 내용이 맞을까?

"우리 도시를 바꿀 인물은 ***밖에 없습니다.

우리 도시의 변화를 위해 ***을 반드시 찍어 주십시오.

지역을 위해 반드시 중앙정부의 예산을 끌어오겠습니다.

우리 도시의 시민들을 위해 ***을 해 왔습니다.

우리 시민들의 삶의 질을 향상시키도록 기회를 주십시오."

상대 정당을 겨냥한 '승리와 패배'라는 표현으로 '유권자들의 표심을 흔들 만한 내용들을 많이 준비했을 것'이라는 생각이 들기도 하고, 과연 저 내용들이 '당선 후 변화의 주소는 어디일까?'라는 생각도 자연스레 들었다.

SNS를 열어도, 선거송에, 유세 방송에, 후보자 본인들의 공약과지지 호소, 그리고 후보들을 지지하는 열혈 유권자들의 정치적 공격을 넘어 경계를 이미 지나 버린 공격성 발언들과 경쟁 상대 당 후보들의 인신공격성 발언들까지…. 하나부터 열까지 나열하라면 수없이 많지만 본인들의 정체를 숨긴 '일명 선거꾼'들의 컨트롤에 좌지우지 흔들리는 유권자들의 판단력까지, '나름 판단을 가진' 생각들 이라면 한숨이 나올 수밖에….

지난밤 누군가 SNS에 올린 거대 양당의 정치구조가 지역에서부터 깨져야 한다는 소리 없는 외침…. 하지만 정말 어려운 숙제 같다는 댓글을 쓰고는 이내 후회를 했다. 어차피 인물론을 실천하는 나로서 그보다는 '나'부터라는 마음으로 참여의 의사를 표현했어야 하는 게 맞지 않았나 하는 뒤늦은 생각이 들었던 것이다.

아무리 표현의 자유가 있다지만 지지 후보의 상대 후보 이미지를 떨어뜨리기 위한 인신공격을 아무 거리낌 없이 하고, 비아냥거림의 극치를 보는 듯한 표현들을 버젓이 SNS에 피드한다. 후보 당사자들이야 서로를 이겨야만 하니 이해되지만, 왜 열혈 유권자들마저도 유권자의 정체성마저도 버리려고 하는 걸까? 정당 개념을 버린 유권자로서의 자리를 지키는 건 정말 우리나라의 정당정치에선 기대하는 건 어려운 일일까?

지지 정당을 갖는 건 자유이지만 유권 행사에서만큼은 유권자로서의 정체성을 가져야 한다. 지지 정당의 정책과 유권의식을 발휘하는 데 있어 내가 살고 있는 지역민으로서의 소신이 발휘되어야 함을 구분하는 판단이 있어야 할 것이다. 거대 양당이 거머쥔 주권이 과연 시민들에게 얼마나 피부에 와 닿을 것인가.

중앙정부와 연결해 교섭하는 힘이 있어야만 예산을 끌어온다는 것이 양당 후보들의 주장이다. 결국, 지방자치분권을 말하면서도 아이러니하게도 중앙정부의 공천을 받아야만 선출직 공무원으로 유권자들의 선택을 받을 수 있는 자격이 주어진다는 모순의 현실이라는 점을 모르는 유권자는 없을 것이다.

그로 인해 중앙당에서도 말도 많고 탈도 많은 공천의 턱걸이를 통과한 후보들의 입에 담기도 난무한 구설수와 '카더라 통신'에 실린 후보들의 이미지 프레임은 모른 척 피해 갈 수만도 없지만 중앙에서의 그 책임 또한 모른 척할 수는 없을 것이다.

'정당이 아닌 인물을 보고 뽑아야 한다'고 하면서 '이번에는 승리를, 이번에는 자존심을'이라는 표현으로 거대 양당의 힘겨루기식 지방선거는 견제 세력을 존중하며 토론으로 발전하기는 어려운 일일까? 유권자들의 피로도는 높아져 가고 서로 이웃인 유권자들을 서로 갈라놓는 선거 기간을 탈피한, 건강한 사고가 움직이도록 하는 선거는 어려운 일일까? 진정, 거대 양당의 힘겨루기보다는 진정 내가 사는 지역이, 유권자들이 승리하는 지방선거를 기대하는 것은 어려운 일일까?

'가을 들녘의 풍성함'이
'현수막 공해'로 방해받고 있다

　'황금 들녘'이라 부르는 요즈음, 차량을 이용해 조금만 밖으로 나가 고개를 돌리면 눈에 들어오는 마음 풍성해지는 황금색 벼들의 향연. '계절이 주는 눈에 담아야 할 양식'들이 2022년 대선과 지방선거를 앞 두고 갖가지 현수막들에 의해 시선의 방해를 받는다. 어찌 보면, 치열

하게 살아가야 하는 '냉정한 경쟁'과 '전투적인 삶' 속에서 '작은 정서 토닥임'으로 다가와야 할 풍경들을, 그리고 도·농 복합도시에 살고 있으면서 가을을 느낄 수 있는 여건을 현수막이 방해하며 '시선 공해' 역할을 하고 있다.

"야~ 너무 아름답다. 저게 바로 한수위 파주쌀이구나."

황금물결이 하늘거리는 벼들의 움직임을 보며 감탄을 하다가도, 시야를 가린 어느 정당인의 현수막으로 인해 '가려진 가을'을 이리저리 몸을 움직여 가며 고개 숙인 벼들이 주는 풍요로움을 눈에 채웠다.

'도대체 무슨 공익을 위한 문구일까?' 하는 마음으로 현수막의 내용을 읽고 난 뒤, 나도 모르게 밀려오는 실망감과 함께 오는 거부감에 인상을 찌푸리지 않을 수 없었다. 공익을 향한 현수막에 당당히 걸 내용이라면 시민들에게 필요한 최소한의 수준을 평가받는 내용이어야 하지 않을까?

그를 지지하고 돕는 동료들의 눈엔 나와 같은 실망이 있으리란 기대는 일찌감치 없다. 필자의 경우, 지역에서 활동이랍시고 하다 보니 이런저런 이유로 맺어진 인연 중 그와 동행하는 이들에게 우연히 듣게 되는 한마디가 있다. '좀 창피하더라.'는 말, 그는 지지하는 마음의 흔들림을 여과 없이 쏟아 낸다.

『폰더 씨의 위대한 하루』(앤디 앤드루스 작)에 따르면, '진정한 친구'의 정의에 대해 80% 이상이 '있는 그대로를 인정하는 사람'이라고 답한다고 한다. 작가 앤디 앤드루스는 '그건 정말 위험한 대답'이라고 했다. '진정한 친구'는 나를 높은 수준으로 끌어올려 주는 사람, 더 나은 사람이 될 수 있게 해 주는 사람이라는 것이다.

그렇다면, 미관과 시선 공해까지 끼치면서 행하는 지극히 수준 낮은 현수막의 문구들을 보면서 '왜 그들은 뒤에서 창피하다는 말을 할까? 왜 그들은 진정한 조력자가 되어 주지 못하는가?' 하는 의문이 들었다. 어쩌면 그것은 그 정당인의 '혹시라도 모를 반열'에 올랐을 때 본인들이 받을 수도 있는 불이익이, 그리고 필요한 직언을 받아들이지 않았을 때 그와 불편해질 수도 있는 우려가 먼저 앞선 것은 아닐까?

어차피 정당정치의 힘의 기울기에 따라 당의 힘을 키워야 한다지만 그들은 '당보다는 사람'을 보라는 말과는 모순되게 당을 피력하고 지역민들의 판단력을 흐리게 한다. 그러나 정당인으로서 지역의 당원들에게 바른 판단과 정보를 제공하기보다는 지역민들의 평가를 받을 만한 '내부 총질'까지 하게 하는 그들이 지역을 위해 일을 할 것이라고 당원들이 기대할까?

그를 지지하는 유권자들은 한 번쯤 그가 제시하는 공약을 냉정하게 들여다보아야 하지 않을까? 혹시, 그들의 공약은 이미 지역을 위한 진정성보다 개인의 목적을 이루기 위함이 아닐까?

'코로나19'로 힘들어진 지역 주민들의 눈에 가득 담을 '풍성하고 아름다운 가을'을 막는 '시선 공해'인 현수막. 차라리 이를 걸 때, 진정으로 지역민들을 위한 문구인지 정당이라는 허울 안에 개인의 목적된 문구인지 한 번쯤은 생각해 볼 일이다. 그분들을 돕는 지지자들도 결국은 지역의 일원임을 발휘해 해당 정당인의 활동과 현수막 정치에 바른 직언을 행할 때이다.

유구무언(有口無言)과
함구무언(緘口無言) 사이

　우리 주변에는 다양한 관계들과 이해하기 어려운 수많은 일이 쉴 새 없이 일어나고 있다. 더불어, 어떤 일에는 첨언이라도 둘 수 있는 일도 있을 수 있지만, 또 어떤 일에는 가까운 관계일지라도 개입하기 곤란한 사안도 있다.

후자의 경우, 개입이 곤란한 이유는 뭐라 한마디 잘못했다가 왜곡돼 전달될 수도 있고, 또 당사자가 '얼마나 귀 기울여 듣겠나.' 하는 막연한 마음이 앞서기도 해서다. 그렇다 보니 첨언이 필요함에도 손 놓고 보고만 있어야 하는 일들이 빈번하게 일어나곤 한다. 최근, 그와 비슷한 일이 인구 50만의 대도시 ○○시에서도 일어나면서 그와 관계된 높은 분(?)들의 '대략 난감'한 상황이 연출됐었다.

누구나 어떤 것을 행함에 있어 최상의 방법을 선택할 것이다. "남들보다 생각이 부족해서 순간적으로 즉흥의 결정을 하지는 않았을까?"라고 생각하는 성숙한 개념을 가진다면 우리가 만나는 경우의 수는 넓어지지 않을까? "꼭 그래야만 했나? 그랬다면 그래야 할 이유는 분명 있지 않았을까?"라는 작은 문제의식을 갖는 세심함도 필요할 것이다.

왕도정치의 성인인 맹자의 이야기이다. 양나라 왕을 뵈러 온 맹자에게 혜왕이 "어르신께서 천 리를 멀리 여기지 않고 오셨으니, 역시 내 나라에 이로움이 있겠습니까?"라고 말하였다고 한다. 이에 맹자는 이같이 답했다.

"왕은 하필 이로움을 말하십니까? 다만 인의(仁義)만이 있을 뿐입니다."

이는 수많은 유학자들의 공감을 불러일으킨 말로, 후대의 모든 유학자들이 이 말을 입에 달고 살았을 정도로 유명한 말이다. 만약 윗사람이 이로움만 좇게 된다면 아랫사람도 자신의 이로움을 좇게 될 텐데, 서로 이익을 얻고자 하면 나라의 기강이 무너져서 모두가 큰 손해를 볼 수밖에 없다는 것. 따라서 윗사람은 '친근함(仁)과 공정함(義)'으로 아랫사람에게 모범을 보여야 하지, 이익을 말해서는 안 된다는 것을 말했다고 한다.

또한, 맹자가 양나라에 머무는 동안 양나라 백성들의 민원을 듣고 혜왕에게 백성들의 세금을 줄여 달라고 말하자, 혜왕이 말하길 "세금이 많은 건 알고 있소. 하지만 갑자기 줄이면 무리가 따르니 조금씩 줄여 나가겠소." 그 말에 맹자가 말하길, "만약 어떤 도둑이 닭을 훔치다가 주인에게 걸리자, 훔치는 닭의 수를 차츰 줄여 나가겠다고 하면 그 사람은 닭 도둑이 아닙니까?" 맹자의 말에 혜왕은 "훔치는 거야 한 마리든 두 마리든 도둑이오."라 답했다.

"네, 맞습니다. 그러므로 잘못된 정치인 줄 알면 즉시 고쳐야 합니다."

그러자 혜왕은 부끄러워 아무 말도 하지 못했다고 한다.

우리가 살아가는 사회는 조직의 옳지 않은 뜻도 조직의 힘을 움직이기 위해 '대의'라는 목적으로 더 필요하고 추후 더 큰 뜻으로 발휘될 수 있는 '소의'를 굽혀야 하고, 그 '소의'를 굽히지 않았을 때 돌팔매는 오로지 관행을 저버린 큰 목적의 '소의'의 몫이 되고 만다.

'유구무언(有口無言)' 입이 있어도 말을 못하고, '함구무언(緘口無言)' 할 말이 있지만 입을 다물어야만 하는 입장도 있을 것이다. 사익으로 향한 달콤한 사탕발림의 유혹이, 관행을 깨뜨리고 약속된 추후 작아질 대의라면 난 용감하게 알을 깨야 한다는 지론을 감히 던져 본다.

혹시, 나는 점점 약해지고 있는 타조의 알 속에서 천년만년 단단할 것이라는 막연한 기대로 어느 순간 공예품 가게에서 진열돼 구경꾼들에게 "어쩌면 타조 알이라고 다 타조 알이 아냐. 타조 알도 어떤 타조 알은 훌륭한 새끼 타조를 탄생시키기도 하고 어떤 타조 알은 영양가 높은 훌륭한 음식으로 기여되기도 하고, 그 뒤 버려진 타조 알은 공예품으로 나온 거야." 하는 '예쁘다', '밉다'의 평가나 받는 '타조 알'로 전락하고 말지도 모른다.

이왕이면 역할을 맡아야 하고, 이왕이면 맹자의 인의(仁義)를 지키는 선을 준수해야 할 것이다.

시민의 관심의 선택(選擇)은
'도시 성장의 촉진제'

▶▶

살다 보면 참 많은 일들을 겪게 된다. 어떤 일은 겪지 않으면 좋을 일도 있지만, 반드시 겪는 과정이 있어야만 하는 '필요한 과정'도 있다.

평소 편안하게 살아가는 이웃과도 간혹, 평범하지만 불미스런 일들이 일어나게 되기도 하고 서로 얼굴 붉히며 언성을 높이게 되는 일들이 벌어지기도 한다. 관심 있는 사람들의 관계에서 사소하고 잦은 사건 사고는 어쩌면 관심이 있기 때문일 수도 있겠지만, 어쩌면 '필요 이상의 관심'이라는 명분의 간섭이 불미스러운 사건의 이유로 작용되기 때문이기도 하다.

타고난 태생인지 후천적인 교육의 영향인지는 모르겠지만 내가 소속된 단체, 내가 포함된 그룹에 관련돼 함께 참여해 해결해야 할 일이 있다면 이상하게도 소속인으로서의 참여의식이 꿈틀거리다 보니 적극 참여 또는 관심을 갖는 데에서 빚어진 일이 있었다. 하물며, 참여하지 않는 단체는 대표성을 띤 단체로서의 생명력이 없다는 생각이 들기도 해 지켜보자니 답답한 마음이 들던 때도 있다.

언젠가 공공성을 띤 조직의 한 단체장과 대화를 할 기회가 생겨 시민의 한 사람으로서 소신 있는 한마디를 했다가 가까운 지인으로부터 얼굴이 붉어지는 한마디를 들었다.

"네가 뭔데… 그냥 놔둬도 시민의 말 따윈 듣지도 않지만, 어차피 자기들끼리 조건이 맞춰지면 또 하나로 뭉쳐서 도돌이표가 될 텐데 오지랖은….*"

그 말을 듣고 한참을 생각에 잠겼다. 아니, 어쩌면 며칠을 생각에 잠겼다. 과연 진정성 있게 들려준 한마디가 그렇게 아무것도 아닌 말이

254

되어 또다시 자기네들끼리 하나 돼 서로 겨누던 총쯤이야 거둬들이고 조건만 맞으면 그만이 될까를 고민하게 했다.

시민을 대신하는 단체라면 손가락 꼽으면서 하나씩 세어 보아도 뻔하건만 '참여정부라고 운운'하던 중심에 있어야 하는 조직이 어찌 시민들에게 그럴 리가 있겠는가?

난 그렇게 생각하고 싶었다. 설사, 그것이 아닐지라도 그렇게 생각하고 싶었다. 아무리 조직문화가 무너지고 개인주의의 이기심이 꿈틀거리는 사람이라 하더라도 그들의 프레임은 시민을 향한 것이 아니었는가? 그것이었다. 시민 한 사람만이라도 그리 바보 같은 생각이라 할지라도 그리 생각을 하려 애쓰고 싶었다.

누구나 '가 보지 않을 길은 서툴고 비틀거리기도 할 것'이라고 애써 불안함과 협상을 하고 싶었다. 그래야 누군가 시민을 향한 한 사람만의 끄덕임으로 소리 없는 "잘했어."라는 말을 위안으로' Step By Step'을 할 용기가 나지 않을까? 그런 생각이기에 시민으로서 지켜보는 진정성 있는 한마디로 불안한 마음을 전해야 하지 않을까 하는 생각이 들었다.

지나친 관심은 그렇게 구분되어야 한다. 필요한 참여의식을 '오지랖'이라 폄훼해 버린다면 참여정부라 말하면서 '신경 쓰지 마'라고 읽는 무관심으로 '기름진 오지라퍼'들과 더불어 살아가야 하는 건조하기 짝이 없는 도시가 되지 않을까? 그래서 나의 관심 있는 참여의식에게 '오지랖'이라 말한 이들에게 묻고 싶었다.

"그들이 리더입니까? 진짜 내가 거주하는 도시에 참여하고 필요한 소리를 들려주는 이들이야말로 진정한 이 도시의 리더 아닐까요?"

진짜 리더들이 참여하는 생명력 있는 도시의 조직이 되어야 하는 방향을 '간섭과 오지랖'이라는 표현으로 치부하는 '무관심'보다는 필요한 참여의 소리로 마찰을 빚는 조직이야말로 미래 지향적이고 성장의 지표가 커지는 도시인 것이다.

자리에서 느껴지는
공백(空白)의 여운(餘韻)

▶▶

"평생 그 자리에서 머물게 아니잖아요. 언젠간 자기 자리로 돌아갔을 때 공간을 넓혀 놓아야…."

하면서 말끝을 흐린 만남이 있었다. 나름 활동을 하며 자기만의 애향철학을 누군가에게 발언하고 활동의 행보를 해 온 이라면 가볍게 넘길 일만은 아닐 것이다. 비중 있는 말 한마디로 누군가의 이미지를 형성시킬 수 있다는 것은 그만큼 직분의 무게와 크기가 동행된다는 말이기도 할 것이다.

살아가면서 누구나 입장이 잠시 바뀌기도 하고, 짧지 않은 시간 자신의 형성된 이미지에 따라 고독의 시간을 보내는 억울한 시간도 있을 수 있다. 그렇게 긴 터널의 시간을 지나 잠시 터널 끝의 빛을 만났다 하여 그 밝음이 앞으로 계속 이어질 빛일지, 또 더 긴 터널이 기다리고 있을지는 모를 일이다.

그러므로 밝음을 마주할 때 그 밝음의 빛으로 인해 내 모습이 주변에 공개되는 순간의 이미지를 빠르게 다듬고 신중하게 다음 터널을 임하는 내 모습을 돌아볼 줄 알아야 할 것이다. 적지 않은 "그럴 줄 몰랐다", "기대를 했었다" 식의 과거형 말이 빈번히 나온다면 이는 어쩌면 터널이 끝나고 맞은 밝음의 시기에 건강하지 않은 만끽으로 안주하는 것이 아닐까?

특별한 연고 없이 사회활동에 만난 인연의 느낌만으로 형성된 그의 소신을 과대평가했던 인연으로서 적지 않은 우려 섞인 오지랖의 걱정이 앞서는 것도 사실이다. 어느 자리에서든 보직에 따른 직무가 있을 것이므로 그 역시 직분의 역할이 반드시 있을 터….

다수의 관계자 및 관심 있는 질문에 자신의 역할을 상실한 "내가 결정을 하는 게 아니니"라는 대답으로는 부족해 누군가의 불통의 이미지를 짧은 시간에 완성시켜 놓았다. 질문에 그 대답을 들은 이들의 의문점은 한결같이 "혹시 적임자 선정이 잘못된 것은 아닐까?"

우리는 『삼국지』를 읽고 『삼국지』에 출연한 이름들을 예시해 가며 역할을 이야기한다. 심지어 "『삼국지』를 세 번 읽지 않은 사람과는 인생을 논하지 말라."는 말이 있듯 조직에서 사람들의 유형을 비교하고 이미지화할 때 그만큼 이해하기 쉽게 캐릭터화되어 있다. 대소사를 계획하고 추진하면서 자신이 유비라면 제각각의 위치에 필요한 역할의 조조와 관우를 배치하고 때에 따라 제갈량에게 역할의 부담을 논할 것이다.

어느 조직이나 단체는 구성을 기획하고 채움의 목적을 도모할 것이다. 그 과정들이 썩 맘에 들지 않아도 필요에 따른 적과의 동침을 하게 되는 경우도 있을 것이고, 때에 따라 얄밉지만 그 얄미움의 얕은 감정보다는 대사를 목적한 조조의 약삭빠른 스킬을 선택하는 것이 바로 조직의 큰 틀 아닐까?

그러나 그 큰 틀을 인지하지 않고 무분별하게 새어 나오는 자신의 직무 무능의 소리가 들려온다면, 『삼국지』의 캐릭터는 선택한 이에게 아무 의미가 없는 해프닝으로 또 다른 이미지를 필요로 해야 하는 고충으로 오는 것은 아닐까?

최소한 나를 소개하기 위해 내미는 명함의 직분을 '부끄럽지 않은 내 몫'이 되도록 해야 할 것이다. 나름 활동을 하며 자기만의 애향철학을 누군가에게 발언하고 활동의 행보를 해 온 입장이라면, 터널의 어둠을 지나 밝음의 빛에 노출되어 있을 때 다시 복귀할 곳이 터널이 될지 더 밝음의 역할이 될지는 알 수 없지만 내가 사용하는 명함에 대한 책임의식은 염두에 두어야 할 것이다.

왜냐면, 애향의 이미지로 그분을 기억하고 응원하던 이들의 기대가 아쉬운 여운으로 뒤를 걱정하게 하는 예상치 못한 지금의 모습을 기억하는 이들의 아쉬움을 알길 바라본다. 그 아쉬움이 소리 없는 언성으로는 어울리지 않는 꼭 응원하고 싶은 애향가이기 때문이다.

"평생 그 자리에서 머물게 아니잖아요. 언젠간 자기 자리로 돌아갔을 때의 공간을 넓혀 놓아야…." 하면서 말끝을 흐린 우려를 담은 만남에서 잠시 비운 자리에서의 이미지에 대한 아쉬운 공백(空白)의 여운(餘韻)이 귓등에 남아, 내내 우려를 실은 오지랖이 마음을 헤집는다.

꼬꼬무 잼버리 사태
(꼬리에 꼬리를 무는 새만금 잼버리 사태)

　남쪽 지방에 용무가 있어 다녀오는 길에 공주 휴게소에서 차를 한잔 하고자 들렀다. 그곳에서 잼버리 퇴소국 청소년들을 태운 관광버스에서 얼굴이 벌겋게 익은 앳된 노랑머리의 청소년들을 보는 마음이 자국민으로서 편치만은 않았다. 내가 할 수 있는 것은 그 아이들에게 휴게

소에서 군것질 주문을 조금 돕는 거 외에는 미안한 마음을 달리 표현할 수가 없었다.

'도대체 이 국제대회가 어떻게 됐길래 연일 언론에 방망이를 맞고 있나?' 하는 생각을 하는 이들이 있을 것이다. 유치할 때의 청사진과는 달리 갯벌이라서 그늘이 없고, 준비가 협소해 물이 고인 바닥에 텐트를 쳐 모기가 들끓는다는 기본적인 현장 준비가 안 된 모습과 건강을 위해 하는 상한 계란 등등….

새만금의 한쪽 면의 바다와 접하면서도 풍부한 자연환경을 누릴 수 있는 넓은 대지 위에 잼버리 야영장 조성을 계획했던 애초의 생각들은 어디로 가 버린 걸까? 게다가 가장 더운 여름, 허허벌판에 개최할 행사였다면 가장 기본적인 안전 부분만큼은 충실했어야 하지 않았을까 하는 안전 불감증에 대한 안타까움이 서둘러 움직인다.

심지어 전 세계 청소년들이 한곳에 모여 우정을 쌓고 대자연 속에서 자신의 잠재 능력을 계발하는 '제25회 세계스카우트잼버리'는 인종·종교·이념·문화의 차이를 뛰어넘어 170여 개 회원국에서 수만 명의 청소년들과 지도자들이 다양한 프로그램을 통해 문화교류와 우애를 나누는 스카우트로, 형제애로 뭉쳐진 국제적 청소년 야영 활동 아니던가?

지난해 전북도의회에서는 예산 낭비, 특혜 논란이 나오기도 하면서 참가자를 늘리기 위해서 도내 참가자에게 참가비의 상당 금액을 지원하는 조례를 통과시키기까지 했지만, 전라북도뿐만 아니라 우리나라에서는 전국적으로 참가자가 매우 적다는 우려가 나왔었다고 한다.

지난 1991년 8월 강원 고성에서 열린 '제17회 세계스카우트잼버리'에 이어 32년 만에 두 번째로 열린 '제25회 세계스카우트잼버리'는 150여 개국에서 4만3천여 명이 참가했다. 예산도 애초 491억이었으나 이를 늘려 1천억에 가까운 938억의 예산이 투입됐다는데….

우리 돈 754만여 원을 참가비로 내고 참가한 이들 청소년에게 한국에 대한 기억이 어땠을까 상당히 우려된다. 기본적인 무더위에 식수와 샤워실 부족, 부실한 음식에 바가지요금까지…. 안전 불감증이라는 말이 이젠 쓰기도 조금 무색하지 않을까 싶다.

어쩌면 우리는 현재 상황보다도 부실을 회피하려는 태도와 거대 양당을 탓하기에 더 화가 나는 것일지도 모른다. 그 많은 예산을 들여놓고도 소홀한 준비와 현재 펼쳐지고 있는 잼버리 상황들이 '총체적 난국'이고, 가장 많은 인원이 참가한 영국이 퇴영하는 사태까지 보고 있는 국민들의 시선에 '꼬리에 꼬리를 무는' 납득하기 어려운 '잼버리 사태'라고 할 수밖에 없다.

개최지인 지자체에서까지 지원을 아끼지 않았던 국제 행사인 만큼 지금부터라도 들춰내어 탓하기보다 자국 행사에 참가한 세계 청소년들에게 최선을 다하는 안전한 지원, 개선 운영으로 성숙한 뒷마무리가 될 수 있도록 복구에 전력하는 모습을 기대해 본다.

폭염에 줄지어 속출되는 환자들과 퇴소국들의 소식을 들으며 언론과 다양한 경로를 통해 지켜보는 국민들의 시선 또한 '누가 시작했는지? 누가 강행했는지?'보다는 앞으로 어떤 방식의 마무리가 되더라도 조금이라도 국격이 보호되는 마무리가 되도록 '유연한 반응'으로, '건강한 시선'으로, 마음이나마 함께하는 국민성을 보여 줬으면 하는 욕심을 부려 본다.

그래도 너무 보고 싶어

– KBS 1 소설극장 〈그래도 푸르른 날에〉 OST 가사

이제는 괜찮아 너 잠깐 없어도
우리 심장은 하나니까

눈물이 흘러도 온몸이 아파도
그리움이 약입니다 날 살게 합니다

눈감으면 떠올라 너의 얼굴이
가슴을 또 스쳐 갑니다

가슴이 불어온 바람이 아프다
수많은 기억이 부서진다

믿으니까 기다릴 겁니다
내 가슴이 다 헤어진대도

눈물이 흘러도 온몸이 아파도
이 아픔도 사랑입니다 난 그렇습니다

아프니까 사랑입니다

아픈 내 사랑이 그대는 들리시나요
듣지 못해도 한 번은 기억하세요

나를 달래며 참아 볼 겁니다
그래도 너무 보고 싶어

아파도 내 사랑입니다 전부입니다
기다릴 겁니다
그래도 너무 보고싶어

내 마지막 날에 (인생아 고마웠다)

– KBS 1 일일 드라마 〈우리 집 꿀단지〉 OST 가사

인생아 고마웠다 사람이 나를 떠나도
세상이 나를 속여도 내 곁에 있어 주어서

인생아 고마웠다 사랑이 나를 떠나도
그것은 내 몫이라고 나에게 말해 주어서

인생아 나 부탁을 한다 나 두 눈 감는 날에는
잘 살았다고 훌륭했다고 그 말만 해 주라

눈물이 많은 삶이어서 고생했다 말해 주라
배운 게 많은 삶이어서 아름답다 말해 주라

인생아 고마웠다 빈몸으로 태어나도
많은 걸 채워 주고 빈몸으로 보내 주어서

인생아 고마웠다 인생아 내 인생아
참 고마웠다 인생아 사랑한다

인생아 사랑한다

〈내 마지막 날에〉는 가수 조항조 님의 〈인생아 고마웠다〉라는 제목의 리메이크 발매를 시작으로 다양한 경연 프로그램에서 많이 불린 곡으로, 개인적으로 큰 참여 없이 사랑받은 이 곡에 천재 작곡가 '알고보니 혼수상태(김경범)' 님에게 감사를 보낸다.

삶은… 알고 보면 늘 감사함 투성이다.

보이지 않는 곳에서 나를 응원하고 나를 위해 기도해 주시는 분들부터 그 챙김이 보이든 보이지 않든 꾸준한 마음을 내게 보내 주시는 감사한 분들의 이름을 한 분 한 분 적다 보니 지면이 부족할 정도이다.

박미주와 깊은 인연이지만 혹여라도 본인의 이름을 찾지 못하셨다면 꼭 연락하여 서운하다는 말씀을 해 주시길 부탁드립니다.

아울러 박미주의 성장에 동행하시고 토닥임 주신 많은 분들께 "고맙습니다"라는 인사를 전한다.

윤영동, 김대훈, 최강인, 김경범, 이성권, 김수환, 박경수, 김광규, 이원섭, 김창석, 김금란, 박윤숙, 정미경, 이현숙, 박진희, 하주영, 곽수영, 김미경, 강희수, 신준섭, 조중연, 민춘기, 김순현, 한길룡, 박상돈, 김준회, 하동주, 이승재, 노만래, 김영중, 내종석, 김영숙, 임실근, 권설경, 김형욱, 김남주, 양영모, 황윤경, 권택희, 전기열, 전익노, 김환중, 임현자, 김상우, 김영홍, 채경숙, 최봉은, 김성범, 권희택, 김규리, 이예성, 이지연, 김영금, 박영길, 김태우, 신동진, 조명옥, 박부석, 전진옥, 박영미, 김영미, 오영미, 최영미, 김현미, 김정인, 박환철, 박경민, 윤득구, 김보리, 이상훈, 임현정, 이홍규, 조항조, 김유리, 김서영, 서창우, 이순배, 황숙경, 강성호, 상세영, 김현기, 이영민, 이지현, 강유진, 강혜숙, 김진희, 박정아, 박영균, 이성철, 강희연, 김웅수, 임하덕, 경일권, 고병식, 고성철, 이경애, 배성철, 한준호, 조일출, 윤경자, 이금옥, 조인숙, 채경숙, 조순임, 김옥수, 김지환, 이창희, 이옥희, 이명옥, 박상민, 장인식, 모은하, 오석화, 박환희, 이윤미, 김창대, 김혜자, 김태호, 서은숙, 김화자, 고창용, 성익재, 곽정민, 이경호, 곽진배, 서원오, 노상금, 권병창, 서창원, 추가열, 윤태규, 권성기, 권오영, 권용찬, 박정미, 차용기, 김경애, 황영웅, 김화